本书获得国家自然科学基金项目（项目编号：7187

中国农业规模化发展
与环境效率研究

马永喜　马钰婷　马一鸣 ◎ 著

中国财经出版传媒集团

经济科学出版社
Economic Science Press

图书在版编目（CIP）数据

中国农业规模化发展与环境效率研究/马永喜，马钰婷，马一鸣著 . --北京：经济科学出版社，2021.5

ISBN 978 - 7 - 5218 - 2073 - 7

Ⅰ.①中…　Ⅱ.①马…②马…③马…　Ⅲ.①农业经营 - 规模化经营 - 环境影响 - 研究 - 中国　Ⅳ.①F324

中国版本图书馆 CIP 数据核字（2020）第 222497 号

责任编辑：王柳松
责任校对：李　建　王京宁
责任印制：王世伟

中国农业规模化发展与环境效率研究

马永喜　马钰婷　马一鸣　著

经济科学出版社出版、发行　新华书店经销

社址：北京市海淀区阜成路甲 28 号　邮编：100142

总编部电话：010 - 88191217　发行部电话：010 - 88191522

网址：www. esp. com. cn

电子邮箱：esp@ esp. com. cn

天猫网店：经济科学出版社旗舰店

网址：http://jjkxcbs. tmall. com

北京季蜂印刷有限公司印装

710×1000　16 开　10.75 印张　160 000 字

2021 年 5 月第 1 版　2021 年 5 月第 1 次印刷

ISBN 978 - 7 - 5218 - 2073 - 7　定价：52.00 元

（图书出现印装问题，本社负责调换。电话：010 - 88191510）

（版权所有　侵权必究　举报电话：010 - 88191586

电子邮箱：dbts@ esp. com. cn）

目　录

第1章　引言

1.1　研究意义

农业规模化经营的发展模式与农业可持续发展的发展目标之间如何兼容，这是在理论和实践上都亟须解决的重大问题。近年来，家庭农场、农民合作社和农业产业化"龙头"企业等新型农业经营（生产和管理）主体蓬勃发展，农业规模化经营已是大势所趋。截至2016年6月底，全国承包耕地流转面积达到4.6亿亩，超过承包耕地总面积的1/3，在一些东部沿海地区，流转比例已经超过1/2，土地流转带动农业土地经营规模逐步扩大。全国经营耕地面积在50亩以上的规模经营农户已超过350万户，经营耕地面积超过3.5亿多亩。与此同时，中国农业资本投入规模和产出规模也逐年增加。2004～2015年，中国农业单位面积机械使用量、化肥施用折纯量和农业产值平均年增长4.5%、1.7%和3.5%（Gong，2018）。中国政府和学术界都对农业规模化经营寄予厚望，认为农业规模化经营是发展现代农业、增加农民收入的必由之路（郭熙保，2013；黄邦根和马迪，2015）。各级政府也普遍将扩大农业土地经营规模，作为农业发展战略的核心内容之一（李玉红，2016），在未来一段时期内，中国将继续推进规模化农业发展，农业经营规模将不断扩大（Ju et al.，2016）。

伴随着中国农业的快速发展，农业经营带来的化肥和农药等农业投入品成本逐步上升；同时，农业生产经营带来的生态环境问题日益严重，已超过工业成为中国最大的面源污染来源。近30年，中国粮食产量增长约60%，而化肥施用折纯量增长近2倍，农药施用量增长近1倍，同期，化学品施用量的增速远远超过粮食产量的增速。① 在中国化肥施用量和农药施用量不断增长的同时，化肥利用率和农药利用率与发达国家相比一直处于较低水平。在化肥、农药等农业投入品使用低效导致较高生产成本的同时，也带来了一定环境污染。2014年4月，中华人民共和国环境保护部和中华人民共和国国土资源部联合发布的《全国土壤污染状况调查公报》显示，全国土壤环境状况总体不容乐观，总超标率达16.1%，其中，耕地污染问题最为突出，土壤点位超标率达19.4%。②

中国不断发展的农业规模化经营将会带来怎样的环境影响，如何科学、有效地评估中国农业规模化经营的环境效率，中国农业生产经营的环境效率与农业经营规模及农业经营方式之间存在怎样的关系，如何通过优化农户的经济行为和环境行为来提升农业规模化经营的环境效率，降低其环境影响，如何制定科学、有效的管理政策和管理措施推进农业规模化经营与农业生态环境保护的协调发展。这些问题已成为中国学术界、政府管理部门和广大农民群众广泛关心并亟待解决的重大理论问题和现实问题。

学术界已对农业经营的环境影响问题进行了较多理论研究和经验研究。但是，对农业经营规模概念的认识模糊不清，导致既有研究对农场规模与环境影响之间关系的认识还存在很大争议；当前，对于农业经营规模的概念主要体现在土地面积规模上，而较少考虑资本投入规模、农业产出规模等农业经营投入产出因素。而在农业

---

① 国家统计局农村社会经济调查司. 中国农村统计年鉴（2007~2017年），北京：中国统计出版社，2007-2017。

② 中华人民共和国环境保护部、中华人民共和国国土资源部. 全国土壤污染状况调查公报. http://www.mee.gov.cn。

生产环境效率评估上，因为农业污染衡量困难及评估方法不完善，所以，学术界未能对农户层面的农业生产环境效率进行科学、有效的评估。同时，有关农场经营与农业生产环境效率关系的既有研究，主要集中在对于农业投入品（化肥和农药等）的使用及其影响因素的研究上，对农场规模与农业生产环境效率之间关系的认识存在一定的研究空白。在农业经济行为、农业环境行为与农业生态环境的影响之间的互动关系上，既有研究还着眼于两两关系的探讨，缺乏对三者之间的互动关系进行系统性刻画和优化模拟分析，因而难以为农业发展与环境政策及相应管理措施的完善提出科学、有效的指导和建议。

为此，本书将在对农业规模化经营及农业生产环境效率的相关理论和相关概念进行科学辨析、梳理的基础上，考察农业规模化经营带来的环境影响，对农业规模化经营环境效率进行评估，实证分析农业经营规模对农业生产环境效率的影响，进而提出提高农业规模化经营环境效率、推进环境友好型现代农业发展的政策建议和管理措施。本书具有重要的理论意义和应用价值。

理论意义有以下两点。

（1）深化规模经济理论中对农业经营规模概念内涵的理论认识。本书对农业经营规模进行理论研究和概念辨析，并从投入和产出多角度采用土地面积规模、资本投入规模和农业产出收益规模等综合性指标对农业经营规模进行科学解析和测定，将能厘清农业经营规模的概念内涵，对农业规模经济理论进行深化。

（2）推进农业规模化经营的环境效率内在影响机理研究。本书将构建更符合农业经营特点的农业生产环境效率评估方法，对农业生产环境效率进行科学、有效的评估，并依次对农场规模因素、农户社会经济因素和政策因素与农业生产环境效率之间的关系进行研究。这将在理论上厘清既有研究中对农场规模与农业生产环境效率之间关系模糊不清的认识，推进当前的农业生产环境效率理论研究。

应用价值有以下三点。

（1）提供农业规模化经营的环境影响评估分析方法和农业生产环境效率评估工具。本书拟构建的农业规模化经营的环境影响评价模型，为农业规模化经营的环境影响提供评估分析方法。同时，本书构建的农业规模化经营的环境效率评估模型，能够对区域农业生产环境效率和农户农业生产环境效率进行测算，为评估农业系统的环境可持续发展程度提供实用评估工具。

（2）为农业规模化发展及相应的环境管理提供科学的政策建议。本书开展的农业规模化经营的环境效率评估和实证得出的研究结论，将为中国农业规模化发展和农业环境管理政策的制定提出具体的理论指导，为实现环境友好型现代农业发展提供科学、有效的政策建议，推进中国农业可持续发展。

（3）为农户实施农业规模化经营及其环境管理，提出管理措施和管理建议。本书对农户的农作物规模化经营的环境效率进行评价，能够为农户提供改善农业生产经营的环境效率、优化环境管理等方面的管理措施和管理建议，提出提高农业可持续水平的可行方法。

1.2 研究目标

本书旨在考察农业规模化经营的环境影响，对农业规模化经营的环境效率进行评估，实证分析农业经营规模对农业生产环境效率的影响，提出提升农业规模化经营的环境效率、推进环境友好型现代农业发展的政策建议和管理措施。具体研究目标包括：（1）全面考察中国农业规模化发展对农业投入品使用情况及对农业环境的影响；（2）从省级层面和农户层面分别测算中国农业生产环境效率；（3）实证分析农业经营规模、社会经济因素和政策措施等对农业生产环境效率的影响；（4）提出完善中国规模化农业生产环境管理的管理措施，为实现中国农业经济与生态环境协调发展提供新思路和可行路径。

1.3　研究内容

为实现以上研究目标，本书将对农业投入品使用和环境影响进行分析，在此基础上，研究农业规模化经营发展对农业投入品使用的影响；然后，使用农业生产环境效率评估模型，从省级层面和农户层面对农作物生产经营的环境效率进行评估，并分析农业经营规模对农业生产环境效率的影响。具体研究内容有如下四方面。

1. 农业投入品使用和环境影响分析

本书将以狭义农业——种植业为研究对象，充分调查中国历年来各地区农业发展及其化肥、农药等农业投入品的使用情况及环境污染、环境影响状况，分析、研究各地区农业投入品使用总量、使用强度及其相应的变化趋势。基于农业投入产出统计数据，分析研究各类农作物的农业投入品的使用强度、投入成本及其变化趋势。在此基础上，对比研究农业投入品的使用强度及投入成本与土地面积规模、资本投入规模和农业产出规模等投入产出变量之间的关系，总结中国农业规模化经营的农业投入品使用及其环境影响的特征和趋势。

2. 农业经营规模化发展对农业投入品使用影响研究

本书将对农户化学品施用的影响机制进行分析，从投入、产出双重角度来综合研究不同农业经营规模性要素对于农户化学品投入的影响，将农户的前期化学品施用变量纳入估计模型，探究农户化学品施用过程中的动态行为特征。本书将对化肥施用影响因素和农药施用影响因素分别展开相应的实证分析。

3. 农业经营环境效率评估

本书基于农业生产中投入产出的特点，即有多种营养物质投入及多种非合意产出，将充分考虑农业生产中污染物产生、处置中的复杂性，采用物质平衡法克服农业污染数据的不可得性，构建一个满足物质平衡原则（MBP）并考虑非合意产出的 SBM 方法的农业生产环境效率评估模型，称之为 MBP-SBM-EE 模型，为农业生产环境效率评估分析提供分析工具。本书还将在上述 MBP-SBM-EE 模型的基础上，构建 Malmquist Luenberger 指数，称为 MBP-ML 指数，用来动态地评估农业生产经营环境效率的变化趋势。基于上述 MBP-SBM-EE 模型和 MBP-ML 指数，利用农作物生产的省级面板数据和农户面板数据，从省级层面和农户层面对农作物生产经营的环境效率和 MBP-ML 指数进行测算评估。

4. 农业经营规模对农业生产环境效率影响的实证研究

基于农业经营规模对农业投入品使用及农业生产环境效率影响的计量经济模型，本部分将采用农户面板数据，对农业经营规模（多指标）对于农业投入品使用和农业生产环境效率的影响进行实证估计。根据环境效率测定值分布的特点，将系统考察农业经营规模、农户社会经济特征、自然区位和政策措施等因素对农业生产环境效率的影响，探讨农业经营规模化发展对农业生产环境效率的内在影响机理。

1.4 研究特色与研究创新

从目前国内外同类研究成果来看，本书具有以下三方面特色与创新。

1. 理论创新

本书将在理论上研究农业生产经营规模的概念内涵及其测量指标体系，并依照其探究农业生产经营规模（土地面积规模、资本投入规模和农业产出规模）与农业生产环境效率之间的内在关系。这将厘清既有研究中仅以土地面积来衡量农场规模而造成的对农场规模与其效率之间关系模糊不清的认识，填补对农场规模与农业生产环境效率之间关系理论研究的空白。同时，本书还将系统性地探讨市场因素、技术选择因素和政策因素对农业规模化经营中的经济行为、环境行为和生产环境效应的影响，提高农业规模经济理论和农业生产环境管理理论的研究水平。

2. 方法创新

根据研究需要，本书将从多个层面完善和改进现有研究方法。其中，主要方法创新有：①将物质平衡原则（MBP）引入 SBM-DEA 模型中，构建 MBP-SBM-EE 模型。利用该模型可以解决既有研究方法难以获得有效的污染数据、忽视农业生产受到资源和环境双重约束和在多种环境投入情景下模型敏感性下降的问题，这将比单一角度评价指标更具综合性、灵活性和可操作性，可以为农业经营环境效率的评估提供更为科学、合理的分析手段。②本书在研究化肥、农药施用和农业生产环境效率的影响中，采用动态面板广义矩估计方法（GMM），来刻画这一农户的惯性行为及其动态影响。该方法能够解决动态面板中滞后因变量的内生性问题，以去除滞后项和不可观察的面板固定效应相关性的偏差，从而有效地控制其他因素的影响。

3. 内容创新

本书将突破既有研究单纯探讨农业规模化经营的技术效率变化或单纯探讨农业环境投入影响因素问题研究的局限，对农业规模化经营的环境效率进行较为系统、全面的研究，并对其进行科学评估，探讨农场规模性因素、农户社会经济因素和政策因素对农业生产环境效率的影响，并进行农场规模化经营的环境效应模拟预测分析。在研究内容上，本书不仅会对各地区农业经营环境效率进行评估，还会对各品种农业生产环境效率分别进行评估；不仅会研究社会经济、自然区域和政策因素对农业生产环境效率的影响，更为重要的是，本书将会研究农业经营规模的各指标维度对农业生产环境效率的影响，揭示农业规模化发展对环境影响的内在机理。本书对农业经营环境效率各方面的影响因素进行实证分析，还将进行规范性的优化模拟分析，以展示农业经济活动、农业环境行为与农业生态环境影响之间的互动关系。这些在研究内容上的开拓和创新性尝试，将会对中国在农业规模化发展大背景下如何做好农业环境管理提出系统性的、科学有效的政策建议和管理措施。

第2章 中外文文献研究现状

中外文文献对农业规模化发展问题和农业环境管理问题都进行了较为广泛的研究，但将两者结合开展的研究还不多。目前，将两者结合开展的研究主要有四个方面：农业规模化经营如何界定及其带来怎样的环境影响；农户化肥农药施用水平的影响因素；农业规模化生产的技术效率变化及其与农业生产环境效率之间的关系；农业生产环境效率评估方法及经验研究。

2.1 农业经营规模概念研究

在农业经济学范畴内，普遍使用农业经营规模一词，一般是指，微观层面上的农场经营规模，也称之为农场规模（何秀荣，2016）。早期有关农业经营规模（或农场规模）的文献，大都以土地的耕作面积作为衡量农业（或农场）规模的主要指标（Sen，1962，1966；Berry，1972）。随着农业生产经营越来越专业化，农业规模的衡量问题变得更为复杂。以土地规模衡量农业经营规模不能完全涵盖微观经济理论对于经营规模的定义，研究表明，以资本投入作为农业经营规模的衡量指标可以更好地定义农场规模，即用财务规模（投入价值）来确定农场规模（Heady，1971）。相关研究指出，以资本投入作为农业经营规模的衡量，更符合经济理论对于规模经济的界定（Bagi and Huang，1983）。也有学者考虑，利用公司规模的衡量指标

（通常包括产出指标、总销售额和投入周转率等）来替代以农场面积衡量农业规模（Lund，1983）。然而，企业规模衡量方法的使用不一致，导致难以将其概念应用在农业规模的衡量上。并且，有关研究发现，在不同地区投入质量的变化，会对产出产生较大影响（Lund and Price，1998），因而，使用土地面积作为农场规模的衡量标准是一个不太合适的经济变量。

近年来，一些学者在研究农业经营的经济效率时，常以投入/产出关系来决定最佳农场规模，由此，农场产出（或总销售额）被认为在评价农场绩效时能够更好地衡量农场规模（Hadrich and Olson，2011）。在研究农场技术效率和配置效率时，部分学者采用总销售额来定义农场经济规模，定义为生产过程中传统投入（土地、劳动力和资本）的函数（Olson and Vu，2009），此是为数不多的同时考虑农场规模的物理指标（土地面积）和财务指标（产出销售额）的文献之一。石晓平和郎海如（2013）指出，对于农地经营规模有两种不同的理解：一种是保持其他生产要素投入不变，只考虑农户实际投入农业生产的耕地面积的变化；另一种是将农户视为生产单位，考察包括各种资源投入在内的经济规模的变化。何秀荣（2016）指出，在传统农业中，农场的经营规模基本上取决于投入生产的农地数量，但随着资本主义农业的兴起，考察农场规模往往同时采用投入指标（农地规模）和产出指标（一般采用销售额规模）。但是，目前，大部分文献在研究农场规模时，都只是使用其中一种衡量方法，而非综合的衡量方法。

2.2　农业规模化经营与环境影响研究

农业规模化经营将会加重还是减轻农业的环境污染，国内外学者对此问题认识不一。一部分文献提出，随着农场规模的扩大，化肥、农药的施用将会降低，化肥农药对农场环境的影响将会减轻

（Ju et al.，2009；Chen et al.，2014；Ju et al.，2016）。采用的技术和管理方法被认为是影响化肥和农药的利用率及其施用量的主要因素（Tan et al.，2008）。一些文献提出，农业经营方式转变和技术变革均具有规模效应，专业化经营的规模化农场相对于小农户在相同面积上使用了更少的肥料，这是因为小农户地块的细碎化而利用了更多的劳动和更少的现代技术，所以，造成过量施肥和施药（李海鹏，2007；Ju et al.，2016）。

施肥技术和田间管理方法的采用，取决于专业知识和技术信息拥有量。张小洁和张忠潮（2012）研究发现，在土地规模化经营模式下，农户多是专业人员，运用农业科学知识，采用科学的播撒方式，可以缓解化肥、农药施用量过大造成的面源污染，而小农户在施肥和用药上大都依靠经验和父辈传承，精确度不够，容易出现施肥过量。张等（Zhang et al.，2013）基于样地实验发现的改良技术和管理方式，有助于提高化肥利用率并减少化肥使用，但是，农民实施这些技术措施需要一定的知识转移、经济预期的激励。劳动相对成本（机会成本）和农业收入的依赖性，也被认为是导致农场环境影响与农场经营规模呈正向关系的重要内在因素。一些学者认为，当农业劳动力进行非农化转移后，农户可能会将额外收入通过资本要素的形式（化肥、农药等）投入农业生产过程中，对流失的农业劳动力进行要素替代，以此弥补由劳动力流失导致的生产损失，在这种情况下，必然会促使化肥、农药大量投入并产生大量化肥面源污染（Lambent，1990；胡浩和杨泳冰，2015；陆文聪和刘聪，2017）。

另有部分文献认为，农场经营规模与农场环境的影响呈反向关系，农业的规模化经营给农业生态环境带来了巨大压力（Rodriguez，2009；李玉红，2016）。上述文献认为，农业规模化经营中农户往往采用大规模单一化种植方式，而化肥、农药的施用有较强的依赖性，这导致农业生态环境不断恶化。从农业的历史实践来看，发达国家农业规模化经营取得了很高的经济收益，但是，付出了巨大的生态环境代价（李玉红，2016）。

农业规模化经营给生态环境带来巨大压力，主要体现在两个方面：一方面，农业规模化经营破坏了生物多样性，加剧了对合成化学品的依赖。罗德里格斯（Rodriguez，2009）研究指出，随着农场面积的扩大，将导致机械增加和种植结构单一化，使得农田内部动植物社群简化，破坏食物链和生态系统。另一方面，农业规模化经营弱化甚至割裂了农业与自然之间的物能循环，排斥了生物群落的自然演替和自我调节，依靠人工管理耗费了大量能量和资源。范颖洁（2015）调查发现，规模化经营情况下作物大规模单一化种植，耕作强度大，既有损土壤肥力，也不利于土壤生态环境多样化。

此外，还有少数文献认为，农场经营的生态环境影响与农场经营规模之间没有显著的正向关系或反向关系。沃辛克和范温纳姆（Wossink and Van Wenum，2001）指出，不同规模的农场在劳动密集度、种植结构及经济回报上的不同，使得它们对环境行为的参与程度不同，而这些因素与农场规模无关，农场经营规模并不显著影响其农场经营的生态环境。金书秦等（2013）研究同样发现，农户化肥施用量和农药施用量不同的主要原因在于，不同农户在获得技术信息和农技指导上存在差异，与农场规模无关。

2.3 农户化肥农药施用影响因素研究

究竟是什么原因导致农户过量或不当的环境行为，国内外学者从经济因素、社会因素和政策管理等方面对农户化肥、农药施用的影响进行了较为广泛的研究。

1. 经济因素与化肥农药施用

收入、价格和劳动力市场状况等经济因素都可能影响农户化肥农药的投入。部分学者认为，随着农户收入的增加，他们购买和使用农业投入品（包括化肥和农药）也会随之增加（Leach and Me-arns，1998）。还有研究表明，低收入群体风险认知较弱，过量施肥、使用农药更为普遍（Zepeda et al.，2002）。还有一些研究文献认为，家庭收入对作物施肥量没有显著影响（郑鑫，2010）。一些文献还发现，收入结构也影响环境行为，种植业收入比重越低的农户，越愿意降低粮食作物上的化肥施用折纯量（马骥和蔡晓羽，2007；韩洪云和杨增旭，2011）。化肥价格、农药价格，也是影响农户农业投入品使用的重要因素。化肥与农作物产出的相对价格（Banerjee，2005）、化肥价格和农作物价格对比（张红宇和金继运，2003）以及化肥价格和非农收入对比（马骥，2006），都会直接影响农户化肥、农药的购买行为和施用行为，进而对面源污染具有重要影响。此外，另一些文献认为，农户施肥和农药使用与劳动力要素之间存在替代关系，因而劳动力市场状况对农户环境行为会有显著的影响（Lambent，2003；周密等，2013；胡浩和杨泳冰，2015）。何浩然等（2006）发现，非农就业比率与化肥施用折纯量正相关，即家庭从事非农活动人数越多，其单位面积化肥施用折纯量越高。

2. 社会因素与化肥、农药施用

国内外理论界认为，农户的社会特征，如个人特征、教育程度和社会身份等也显著影响农户化肥使用和农药使用的选择（苏岳静等，2004；Ibitayo，2006）。在个人特征（年龄、性别和身份）的影响下，田云等（2015）研究发现，户主为男性、年龄越小的农户越倾向于选择低于标准或按标准施用化肥；同时还发现，具有农民专业合作组织成员身份和具有干部身份的农户，则更倾向于选择低于标准或按标准使用农药。而李纪华等（2015）则发现，年龄与化肥施用折纯量呈显著的负向关系。在教育水平影响上，文献大都认为教育程度较高的农民可以更好地获得化肥、农药使用的信息和知识，因而会采取更科学的环境行为（马骥和蔡晓羽，2007；Shetty et al.，2010）。而何浩然等（2006）和郑鑫（2010）研究却显示，无法确定农户教育水平的提高会减少化肥、农药施用量。农业生产经验对化肥、农药的使用同样有影响（Abhilash and Singh，2009）。而江激宇等（2012）指出，农户年龄及生产年限（经验）对农户安全生产行为没有显著的影响。

3. 政策管理与化肥、农药施用

一些研究发现，市场法律监管不完善，导致了化肥和杀虫剂过度使用，同时，农药专利得不到保护或失效，使得一些便宜的高毒农药被大量使用（Zilberman，1988；Marcoux and Urpelainen，2011；Schreinemachers and Tipraqsa，2012）。研究还表明，对化肥和农药不适当的补贴等产业支持政策，也鼓励了过量的施肥行为和施药行为，并造成严重的面源污染（Alexandratos，1995；刘钦普，2014）。农业技术指导，也是影响农户科学施肥、施药的重要因素。有学者研究认为，农户过量施用化肥、农药的主要原因之一，在于农业技术推广部门没有有效地为农民提供投入水平、养分平衡等信息和技术支持（Huang et al.，2012）。研究指出，进行科学、合理的农业技术培训才可以有效地引导农户合理施肥，减少化肥面源污染（应瑞瑶和朱勇，2015）。此外，还有一些学者从农地产权制度的角度分析了化肥、农药滥用的原因。土地使用权越不稳定，农户的短期性行为越严重，化肥使用越多而有机肥使用越少（何凌云和黄季焜，2001；曾鸣和谢淑娟，2007）。

2.4 农业规模化生产技术效率研究

农业生产经营的规模化及其效率问题，一直是发展经济学理论和实践的焦点问题之一。对于究竟是大农场更有效率，还是小农场更有效率，学术界一直存在较大争议。阿玛蒂亚·森（Amartya Sen，1962）最早基于印度农业部门的实证研究提出，随着农场规模的扩大，以全要素生产率度量的农业生产效率提高，而单位土地产出水平则下降，这种关系被称为反向关系（inverse relationship，"IR"关系）。"IR"关系得到了很多文献的支持和证实（Chadha，1978；Lipton 1993；Heltberg，1998），其内在原因被解释为劳动交易成本、农业信用和人力资本密集程度等方面的差异（Bhalla，1979；Carter，1984；Raghbendra et al.，2000）。但是，大量的研究也得出了与"IR"关系不一致的结论甚至是相反的结论（Deolalikar，1981；Ha-numantha Rao，1975）。除了上述单调正向关系结论或单调反向关系结论之外，一些文献研究认为，农场适度规模经营可能最有效率（Hall and LeVeen，1978；Hoque，1988）。但有研究认为，农业经营并没有确切的最优规模界限和最优模式（刘凤芹，2006），在目标取向、研究方法不同的情况下，农业经营规模是否适度，其研究结论差异很大甚至相反（齐城，2008）。

随着绿色革命的出现，逐渐有学者开始考虑将环境因素看作影响农业生产率的重要因素。塔德塞和克里希纳莫西（Tadesse and Krishnamoorthy，1997）发现，农业技术效率受到农场生态环境不同的影响，而不同规模的农场因为农业生态环境的不同而具有不同的农业技术效率。同时，一些研究发现，大农场和小农场之间的土地肥沃程度（Newell et al.，1997）和土地质量（Carter，1984）等方面的差异，可能导致"IR"关系逐步消失甚至反转。为了衡量经济发展导致的环境代价，学者们提出了环境效率（environmental effi-ciency，EE）的概念（Freeman，1973）。目前，学术界对农业生产环境效率的定义不尽相同，在名称上有时也以生态效率（eco-effi-ciency）表示，但大都是以经济价值增加值和环境影响的比值来表示农业生产环境效率，反映资源利用等经济活动对农业生产环境的影响（Tyteca，1996；Reinhard et al.，1999；Kortelainen，2008）。

在技术效率研究的基础上，很多文献将环境变量引入传统的生产函数中，通过调整传统的技术效率来评估、获得农业生产环境效率（Marchand and Guo，2014），关于农业技术效率和农业生产环境效率的研究逐步增多。莱因哈德和蒂森（Reinhard and Thijssen，1999）以随机超越生产前沿方法估计了产出导向的技术效率，以单个投入（氮盈余）的投入导向的技术效率估计了环境效率。该研究发现，尽管技术效率和环境效率有一定的正向关系，但也有例外；研究还发现，这些农场具有较高的技术效率，但其农业生产环境效率却较低；同时，农业生产环境效率与养殖规模（密度）有一定的正向关系。在该研究中，农业生产环境效率定义为给定产量下纯氮的最小使用量，这种农业生产环境效率不同于传统的技术效率，强调纯氮的有效利用，着重环境保护的效率。马尚和郭（Marchand and Guo，2014）也采用了莱因哈德等（Reinhard et al.，2000）对于农业生产环境效率的定义和评估方法，将环境效率定义为给定产量下纯氮的最低使用量，并通过随机前沿分析方法由技术效率来计算评估。崔晓和张屹山（2014）运用符合物质平衡条件的环境效率模型和环境全要素生产率指数模型研究发现，与传统的技术效率相比，农业生产环境效率不仅能体现农业生产中各种要素的利用效率，还能揭示农产品要素投入中营养物质的吸收效率。

2.5　农业生产环境效率评估方法研究

学术界普遍认为，提高环境效率是减轻环境压力最具成本效益的方式，且对于政策制定者来说，提高环境效率相对于限制经济活动更容易实施（Pang et al.，2016），因此，农业生产环境效率的评估问题一直受到国内外学者的特别重视。学者们提出了环境调整的农业生产率（environmentally adjusted production efficiency，EAPE）模型、前沿生态效率（frontier eco-efficiency，FE）模型和基于物质守恒原理的环境效率（MBP-based environment efficiency）模型等多种模型分析方法，用于环境效率的评估（Lauwers，2009）。

环境调整的农业生产率（EAPE）用生产前沿方法来分析投入和

产出之间的关系，其分析环境污染时有两种模式：一是在传统距离函数的基础上，把污染物质看作对环境有害的投入（"坏的投入"）；二是在方向性距离函数的基础上，把环境污染物质看作是"坏的产出"（或非期望产出）（蔡雨君，2015），然后，通过投入导向、产出导向或方向距离函数来估计技术效率，并将其看作农业生产环境效率（Chung et al.，1997；Reinhard et al.，2002；Färe et al.，2010；Nanere，2007）。环境调整的农业生产率方法易于理解和操作，但在实践中，其"坏的产出"具有非市场性质，没有有效的价格信息，同时，也没有涉及资源约束对环境污染与经济增长之间关系的影响。前沿生态效率方法（FE）将前沿分析框架运用到经济产出和生态产出的关系中，对获得生态效益和生态压力进行估量（Callens and Tyteca，1999；Picazo-Tadeo et al.，2011）。但因为这种方法仅能对生产活动和消费活动中决策单元的环境压力进行相对性的评估，所以，学者已很少采用此方法（蔡雨君，2015）。

为应对上述两种方法的不足，近年来，研究者倾向于采用综合性研究方法来评估农业生产环境效率。有关研究基于物质平衡原则的农业生产环境效率模型（MBP-based environment efficiency model），将生产过程中产生的污染物质看作物质平衡，即投入生产的原材料转化为合意的产出和不合意的污染物（Coelli et al.，2007）。基于物质平衡原则的农业生产环境效率，被定义为技术可行的最小物质平衡与当前观察到的物质平衡之比（Coelli et al.，2007；Meensel et al.，2010）。这种方法可以投入要素价格变化对最终测算结果的影响，并能分析每个污染元素对环境的危害程度，因而得到越来越多的运用。另外，利用生命周期评价（life cycle assessment，LCA）方法可以追踪物质的循环，并对任何给定的生产过程制定一套环境影响指标，即一套生态效率比率（Picazo-Tadeo et al.，2012）。近年来，一些文献试图将 LCA 和 MBP 结合使用（Vazquez-Rowe et al.，2012；Mohammadi et al.，2013），来寻求平衡环境影响与经济回报的方式。

2.6 农业生产环境效率评估实证研究

外文文献较早地对农业生产环境效率及其影响因素开展评估和实证研究。例如，富尔吉尼提和佩林（Fulginiti and Perrin，1998）使用非参数生产率分析方法和基于产出的 Malmquist 指数对 1961～1985 年 18 个发展中国家农业环境生产力的变化进行了分析，结果表明，至少有一半的国家都经历了农业生产环境效率下降。还有文献通过构建一个养分全要素生产率指数，对农业部门在 30 个经合组织国家 1990～2003 年的农业全要素生产率进行研究，研究发现，环境全要素生产率的增长速度低于传统全要素生产率（TFP）的增长速率。这可能是由减少养分为导向的资源配置效率导致的，同时还发现，改变输入组合可以显著改善环境效率和生产率（Hoang and Coelli，2011）。

中文文献在外文文献的基础上逐步引入环境效率研究方法，对中国农业环境问题进行了初步研究。例如，杨俊和陈怡（2011）运用 Malmquist 指数方法，测度了中国各省区市考虑环境因素的农业全要素生产率的增长状况和不考虑环境因素的农业全要素生产率的增长状况，研究结果表明，考虑环境因素的农业全要素生产率的增速并不一定低于不考虑环境因素的农业全要素生产率的增速。崔晓和张屹山（2014）采用符合物质平衡原则的环境效率（MBP-based EE）方法，对 1990～2011 年中国的 31 个省区市[①]的农业环境效率和环境全要素生产率进行实证研究，研究结果表明，总体上，中国农业发展受到的环境约束较强，农业生产环境效率的区域特征明显，相对于中西部地区，东部省市受到的环境约束较小，农业生产环境效率的变动趋势受农业政策的影响比较明显。杨志海和王雅鹏（2015）利用方向性距离函数 DEA 方法考察了 2001～2010 年中国农

---

① 中国的 31 个省区市，未包含中国港澳台地区，全书同。

业环境的技术效率变化，并评估了中国农业污染减排成本，研究发现，中国东部地区农业环境的技术效率水平最高，西部地区次之，中部地区最低。

近年来，有关农业生产环境效率的研究焦点，逐渐聚集到探讨农业生产环境效率的影响因素上来，用以分析社会因素、经济因素以及政策因素与农业生产环境效率之间的关系。有关研究通过利用数据包络分析（DEA）技术评估了西班牙坎波斯（Campos）地区雨养农业的环境效率，并采用截断回归和自助抽样技术实证考察了环境效率的决定因素，研究表明，参与农业环境项目和具有大学教育水平的农户，因其有较高的管理水平，而在农业生产中有较高的环境效率（Picazo-Tadeo et al.，2011）。邦菲利奥等（Bonfiglio et al.，2017）利用数据包络分析（DEA）方法计算了意大利勒马尔凯（Le Marche）地区农业生产的环境效率，然后，采用稳健性回归分析方法检验了一些社会经济因素对环境效率的影响。其研究结果显示，以青年农民为主、参与农业环境计划的农场（与化肥和农药有关的）环境效率较高。中文文献对农业生产环境效率影响决定因素的研究还非常少，仅有个别文献做出了初步的尝试。朱聪（2014）采用三阶段 DEA 模型对中国农业环境效率进行评估和影响因素实证分析，研究表明，自然灾害、农村家庭纯收入、是否为农村文化专业户和转移性收入对环境效率有较大影响。但是，该文献仅选取了四个非农场特征因素来分析其对环境效率的影响，缺乏对农户的特征因素和农场的特征因素与环境效率的关系的考察，因而，难以得出较为全面而科学的研究结论。

2.7　总结性评述

中外文文献研究现状分析表明，当前学术界对于农业规模化经营与农业环境管理问题在理论研究和经验研究上都做了大量工作，取得了丰富的研究成果。这些研究成果对农业规模化进行了不尽相同的理论界定，发现农场规模对化肥和农药等农业投入品的使用及其环境效应的影响可能是正向的、也可能反向的或者没有影响；实证分析社会因素、经济因素和政策因素等对化肥、农药使用的影响；逐步将农业规模与技术效率之间关系的研究拓展到农业生产环境效率研究上来，构建了多种环境评估模型和环境评估方法对农业生产环境效率开展评估，并将其应用于经验研究中指导农业环境管理。既有研究为理解和解决农业规模化发展及其带来的环境管理问题提供了深厚的理论基础和思想洞见，但是，还存在诸多不足和需要完善的地方。

在理论研究上，当前农业生产经营规模的概念界定模糊，农场经济活动、资源投入和环境效率之间的内在影响机理尚未厘清。对于农业生产经营规模的概念结构及其内涵还缺乏科学界定，对农业生产经营规模的概念认识不清且定义不一致。目前，多采用的单一化的农业经营规模衡量指标，已经难以适应农业规模经济理论的发展和现代农业研究的需要。同时，学术界对于环境效率的定义虽基本一致，但不尽统一，也需要对其概念做进一步界定。

目前，对于研究农场规模的扩大是会加重还是减轻农业的环境污染的文献，存在不同（甚至相反）的认识，主要是这些文献未将劳动力投入密集度、资本要素投入水平和技术采用等中介因素从单一的农场土地规模影响中完全分离出来所导致的。当前，研究文献对于农场经济活动及其化肥、农药使用之间的关系进行了较多探讨，但是，农场农业投入品（化肥、农药等）的使用和农业生产环境效率如何受到经济活动、资源约束和环境约束等方面的影响，农场经济活动、资源投入和环境效应之间如何互动及其内部机理尚待进一步深入研究。

在研究方法上，既有文献缺乏适合农业规模化经营特点的农业可持续发展评估方法，来对农业经营的环境影响和环境效率进行科学评价，缺乏系统化的模型，来对农场经济活动和环境效应之间的关系进行模拟和预测分析。目前，有关农场经营带给环境的影响、农场环境投入及其环境影响评估的实证分析，也多采用比较静态分析方法或简单的多元回归分析方法，导致研究结果各异，难以对农业规模化发展的环境管理实践予以有效的理论指导。

近年来，学术界将环境效率概念引入农业可持续发展评价中，来统筹分析农业经济发展和生态环境影响之间的冲突，帮助决策者制定、评估和实施改善经济活动的措施。但是，出于农业生产中污染物产生和处置的复杂性的原因，农业生产环境效率指标作为衡量农业可持续性的综合性指标，其在模型构建和方法应用上还存在很多不足：现有评估方法往往难以兼顾资源和环境的双重约束、大多仅用于投入导向设定下的农业生产环境效率的测量、难以获得有效的污染数据准确测量非合意产出。同时，现有对于农场经济活动、资源利用与环境行为互动关系的分析，大都采用一般描述性分析方法和技术经济评价分析方法，缺乏利用融合农业经济系统、技术系统和生态环境系统于一体的系统化分析模型，来分析其复杂的互动关系。

在研究内容上，目前，尚缺乏对农业规模化经营的环境效率进行全面、系统的评估研究，缺乏农场特征因素（包括农场经营规模）对环境效率的影响研究，缺乏对农业经济活动、农业环境行为与农业生态环境影响之间的互动关系的模拟分析研究。目前，对于化肥、农药的使用及其影响因素的研究，大多考虑了农户的社会经济变量和政策变量等因素，而较少考虑农场的自身特征，尤其是农场规模特征对于生产行为和环境行为（化肥、农药使用）的影响。既有研究大多从投入角度来研究农户的环境行为，研究其化肥、农药使用的影响因素，而没有从投入产出结合的角度，研究农业经营的环境效率及其如何受到农户特征和农场特征变量的影响。

目前，对于农业生产环境效率的研究还大多停留在评价模型构建和环境效率数据的经验分析阶段，对于农业生产环境效率差异的解释多是一些探讨性分析，还缺乏对农场特征和农户社会经济特征等因素与农业生产环境效率之间内在关系的研究。农场规模及其各个维度的指标如何影响农场环境效率、对农场环境效率有什么影响还存在一定的研究空白。当前，对于农业经济活动、农业环境行为与农业生态环境影响之间关系的研究，还着眼于分析其两两关系，但在外生情景发生变化时，其三者如何互动还需要系统地加以研究。

随着农业规模化的发展，其资源利用、环境保护和农业经济协调发展之间的冲突越来越严重，仅仅考虑其技术效率已经不能满足农业可持续发展目标的需要，要将研究重点逐步从技术效率研究转移到能够综合考虑资源问题和环境问题的环境效率研究上来。针对以上研究不足和研究局限，我们认识到，农业规模化经营的发展模式与农业可持续发展的发展目标之间如何兼容，已经成为在理论和实践上都亟须解决的重大问题。

本书将在理论上厘清农业经营规模的概念内涵，并对其进行科学的综合性测量，全面系统地分析农业规模化经营带来的环境影响，构建科学有效的农业生产环境效率测算模型来评估农业经营的环境效率，探究经营规模等农场因素以及农户因素对农业生产环境效率影响的内在机理，并对农业经济活动、农业环境行为与农业生态环境效应之间的互动关系进行系统性的分析模拟，为中国农业经营规模化发展与农业可持续发展提供理论支持和政策建议。

第3章　中国农业经营规模化发展与化学品施用现状分析

本章将对中国农业规模化发展的现状以及农用化学品的施用情况进行分析。首先，对中国不同农业经营主体的规模化发展情况进行描述分析，并分别从区域层面和省级层面对不同地区的规模农业经营户的发展现状进行对比分析。其次，对中国近20年的农用化学品（化肥和农药）施用情况进行描述，分别从全国层面和省级层面对农用化学品（化肥和农药）的施用量及施用强度进行趋势分析和对比分析，从而了解中国及各省（区、市）的农用化学品施用的总体发展趋势及区域施用情况。

3.1　中国农业经营规模化发展现状分析

3.1.1　中国农业经营主体总体发展现状

1996年、2006年、2016年，中国各农业经营主体的数量均呈不断上涨趋势，见表3-1。具体而言，中国农业生产经营户的数量从1996年的19 308.82万户上涨到2016年的20 743.16万户，年均增长率为 0.36%，增长幅度较小;[①] 农业生产经营单位的数量从 1996 年的 35.77 万个上涨到 2016 年的 204.36 万个，年均增长率为 9.1%，增长幅度较大。[②] 统计数据还显示，2016 年，中国的规模农业经营户数量为 398.04 万户（见表 3 - 1），是农业生产经营单位的近两倍。[③] 总体而言，近 20 年来，中国农业经营主体的数量呈上升趋势，并且，2016 年，规模农业经营户发展规模已超过农业生产经营单位，农业规模化经营已成为必然趋势。

表 3 - 1　1996 年、2006 年、2016 年中国不同农业经营主体总体发展情况

年份	农业生产经营户 （万户）	农业生产经营单位 （万个）	规模农业经营户 （万户）
1996	19 308.82	35.77	—
2006	20 015.91	39.52	—
2016	20 743.16	204.36	398.04

注："—"表示无数据。

资料来源：笔者根据第一次全国农业普查数据、第二次全国农业普查数据、第三次全国农业普查数据（国家统计局、全国农业普查公报. http：//www. stats. gov. cn/tjsj. /tjgb/nypcgb/qgnypcgb/. ）整理而得。

3.1.2　中国农业规模化经营主体现状

第三次全国农业普查数据显示，2016 年中国规模农业经营户达 398.04 万户，但考虑到不同地区之间可能存在差异，为进一步分析中国农业规模化经营主体的地区发展情况，本节将分别从区域层面和省级层面对不同地区农业规模化经营主体的发展情况进行对比分析。

---

①　农业生产经营户是指，居住在中华人民共和国境内（未包含中国港澳台地区），从事农、林、牧、渔业及农林牧渔服务业的农业经营户。
②　农业经营单位是指，中华人民共和国境内（未包含中国港澳台地区）以从事农业生产经营活动为主的法人单位和未注册单位，以及不以农业生产经营活动为主的法人单位或未注册单位中的农业产业活动单位。全国农业普查汇总表中的农业生产经营单位是指，第二次全国农业普查方案中的农业产业活动单位。对应的第一次全国农业普查的分类，为非住户农业生产经营单位。
③　规模农业经营户是指，具有较大农业经营规模，以商品化经营为主的农业经营户。

根据农业普查数据的区域划分标准，本章将调查主体划分为东部地区、中部地区、西部地区和东北地区。① 中国各区域农业规模化经营主体发展现状，如图 3 − 1 所示，具体而言，东部地区的规模农业经营户的数量居于首位，为 119 万户，约占全国总体规模经营户的 29.9%；西部地区的规模农业经营户的数量相对东部地区较少，为 110 万户，约占全国总体规模经营户的 27.6%；中部地区和东北地区的农业规模化经营进程相对缓慢，规模农业经营户的数量分别为 86 万户和 83 万户，分别占全国总体规模农业经营户的 21.6% 和 20.8%。综上所述，不同区域的发展情况不尽相同，中国东部地区和西部地区的农业经营规模化发展状况相对较好，而中部地区和东北地区的农业规模化发展状况较为缓慢。不同区域的农业规模化经营主体的发展情况存在一定差异，因此，农业规模化经营的推动方式应因地制宜。

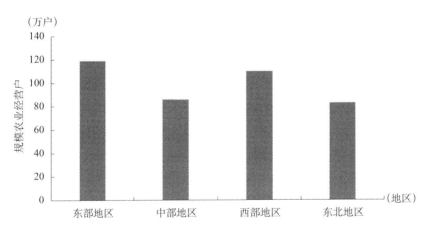

图 3 − 1　中国各区域农业规模化经营主体发展现状

资料来源：笔者根据第三次全国农业普查数据（国家统计局、全国农业普查公报.ht-tp：//www. stats. gov. cn/tjsj. /tjgb/nypcgb/qgnypcgb/.）整理绘制而得。

中国的 31 个省区市之间的农业规模化经营发展情况差异较为明

① 中国四大区域划分：东部地区包括北京市、天津市、河北省、上海市、江苏省、浙江省、福建省、山东省、广东省、海南省；中部地区包括山西省、安徽省、江西省、河南省、湖北省、湖南省；西部地区包括内蒙古自治区、广西壮族自治区、重庆市、四川省、贵州省、云南省、西藏自治区、陕西省、甘肃省、青海省、宁夏回族自治区、新疆维吾尔自治区；东北地区包括辽宁省、吉林省、黑龙江省。其中，未包含中国港澳台地区。

显。具体而言，黑龙江省和山东省的规模农业经营户数量相对较多，分别为 55.3 万户和 46.6 万户，占全国规模农业经营户总量的 13.9% 和 11.7%；内蒙古、河南和新疆的规模农业经营户数量相差不大，均在 30 万户左右；河北、辽宁、吉林、江苏、安徽、福建、湖南和四川等地的规模农业经营户数量则接近于全国平均水平；而北京、上海和西藏的规模农业经营户数量均小于 1 万户（见图 3－2）。

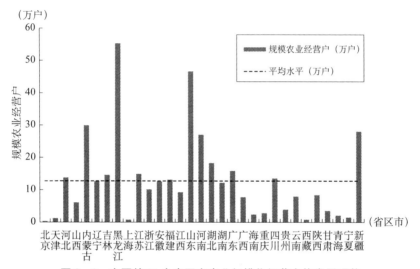

图 3－2　中国的 31 个省区市农业规模化经营主体发展现状

资料来源：笔者根据第三次全国农业普查数据（国家统计局、全国农业普查公报. ht-tp：//www. stats. gov. cn/tjsj. /tjgb/nypcgb/qgnypcgb/. ）整理绘制而得。

3.2　中国农用化学品施用趋势与现状分析

3.2.1　中国化肥施用趋势与现状

1. 中国化肥施用总体趋势分析

2000～2018 年中国化肥施用情况趋势，如图 3－3 所示。总体上来看，近年来，中国化肥施用情况呈先增后减的态势。具体表现如下。

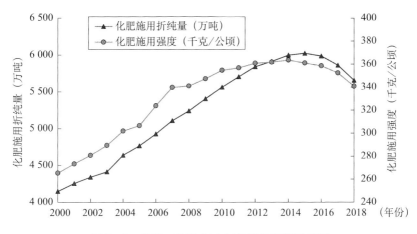

图 3 - 3　2000 ~ 2018 年中国化肥施用情况趋势

资料来源：笔者根据历年《中国农村统计年鉴》的相关数据整理绘制而得。

从化肥施用折纯量①来看，中国化肥施用折纯量从 2000 年的 4 146.4 万吨增长到 2018 年的 5 653.4 万吨，增长了 36.3%。但化肥施用折纯量并非持续增长，具体可分为两个阶段：第一阶段为 2000 ~ 2015 年，中国的化肥施用折纯量逐年上升，由 4 146.4 万吨增长到 6 022.6 万吨，净增 1 876.2 万吨，年均增长率为 2.51%；第二阶段为 2016 ~ 2018 年，中国化肥施用折纯量逐年下降，从 6 022.6 万吨降到 5 653.4 万吨，下降了 369.2 万吨，年均增长率为 - 2.09%。

从化肥施用强度来看，2000 ~ 2018 年中国的化肥施用强度由 265.3 千克/公顷上升到 340.8 千克/公顷，增长了 28.50%。中国化肥施用强度情况也可细分为两个阶段：第一阶段为 2000 ~ 2014 年，化肥施用强度逐年递增，由 265.28 千克/公顷增长到 363.49 千克/公顷，年均增长率为 2.28%；第二阶段为 2015 ~ 2018 年，中国化肥施用强度呈逐年下降态势，并且，下降幅度逐年增加，2015 年和 2016 年中国化肥施用强度较 2014 年和 2015 年分别降低了 0.68% 和 0.70%；

① 化肥施用总量是指，本年度内实际用于农业生产的化学肥料数量，包括氮肥、磷肥、钾肥和复合肥。施用量要求按折纯量计算数量，即各类化学肥料的实际施用数量按其含氮、含五氧化二磷、含氧化钾的比例，折成百分之百计算。

2017 年和 2018 年中国化肥施用强度较 2016 年和 2017 年分别下降了 1.73% 和 3.27%；而 2015～2018 年化肥施用强度总体下降了 20.24 千克/公顷，年均增长率为 -1.6%。

2. 中国化肥施用省际现状分析

为进一步分析中国不同地区化肥的施用情况，本书考察、分析了 2018 年中国的 31 个省区市化肥施用折纯量情况和 2018 年中国的 31 个省区市化肥施用强度情况，并对比分析各省区市的化肥施用折纯量和化肥施用强度，总体来看，中国各省区市的化肥施用情况差异较大，且过量施肥现象严重。具体分析如下。

从化肥施用折纯量来看，中国化肥施用折纯量存在较大的地区差异。化肥施用折纯量最高的是河南，为 692.8 万吨，占全国化肥施用折纯量的 12.30%。之后，是山东和河北，化肥施用折纯量分别为 420.4 万吨和 312.4 万吨，分别占全国化肥施用折纯量的 7.40% 和 5.50%。化肥施用折纯量较少的是北京、上海、西藏和青海等地，其化肥施用折纯量均在 10 万吨以下。总体而言，中国化肥施用折纯量的地区差异明显，河南、山东和河北三省的化肥施用折纯量较大，约占全国化肥施用折纯量的 1/4，而北京、天津、上海、青海和西藏等地的化肥施用折纯量较少，汇总用量约 46 万吨，不足全国化肥施用折纯量的 1.00%（见图 3-4）。

从化肥施用强度来看，中国大部分省区市过量施肥的现象较为严重。除黑龙江、江西、贵州、西藏、甘肃和青海的化肥施用强度符合国际标准之外，其他省区市的化肥施用强度均高于国际公认的 225 千克/公顷的安全上限。化肥施用强度最高的是北京，为 702.4 千克/公顷，是国际安全标准的三倍。之后，是福建和海南，化肥施用强度分别为 702.1 千克/公顷和 678.5 千克/公顷。化肥施用强度较小的黑龙江、贵州和青海，其化肥施用强度分别为 167.4 千克/公顷、163.4 千克/公顷和 149.3 千克/公顷，符合国际安全施肥标准（见图 3-5）。

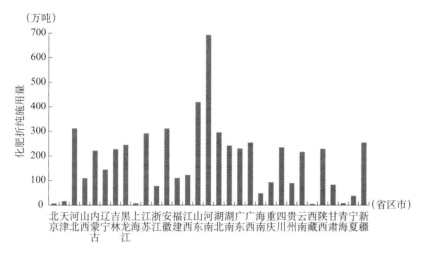

图 3 - 4　2018 年中国的 31 个省区市化肥施用折纯量情况

资料来源：笔者根据历年《中国农村统计年鉴》的相关数据，整理绘制而得。

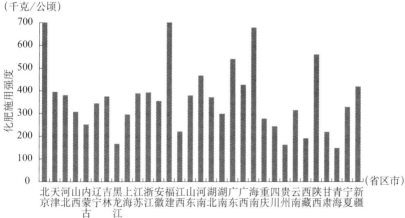

图 3 - 5　2018 年中国的 31 个省区市化肥施用强度情况

资料来源：笔者根据历年《中国农村统计年鉴》的相关数据，整理绘制而得。

3.2.2　中国农药施用趋势与施用现状

1. 中国农药施用总体趋势分析

2000～2018 年中国农药施用情况趋势，如图 3 - 6 所示。

具体情况如下。

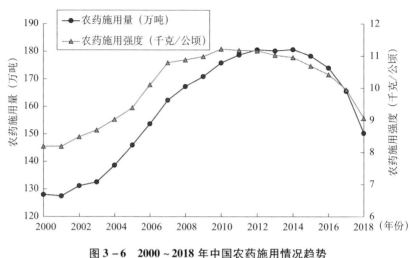

图 3-6　2000~2018 年中国农药施用情况趋势

资料来源：笔者根据历年《中国农村统计年鉴》的相关数据，整理绘制而得。

从农药施用量来看，中国农药施用量从 2000 年的 127.95 万吨增长到 2018 年的 150.36 万吨，增长了 17.50%。具体而言，可分成两个阶段：第一阶段为 2000~2014 年，中国的农药施用量呈逐年上升趋势，由 127.95 万吨增长到 180.69 万吨，增长了 52.74 万吨，年均增长率为 2.50%；第二阶段为 2015~2018 年，中国农药施用量逐年下降，从 180.69 万吨降到 150.36 万吨，下降了 30.33 万吨，年均增长率为 -4.49%。

从农药施用强度来看，中国农药施用强度情况可大致分为两大阶段：第一阶段为 2000~2010 年，中国农药施用强度逐年递增，由 8.19 千克/公顷增长到 11.21 千克/公顷，增长了 36.87%；第二阶段为 2011~2018 年，中国农药施用强度呈逐年下降趋势，由 2011 年的 11.18 千克/公顷下降到 2018 年的 9.06 千克/公顷，年均增长率为 -2.90%，而且，下降幅度逐渐增大，2016~2018 年中国农药施用强度的下降比率分别为 2.45%、4.56% 和 8.92%。

2. 中国农药施用省际现状分析

为进一步分析中国不同地区农药的施用情况，绘制了 2018 年中国的 31 个省区市农药施用量情况（见图 3 - 7）。图 3 - 8 绘制了 2018 年中国的 31 个省区市农药施用强度情况。

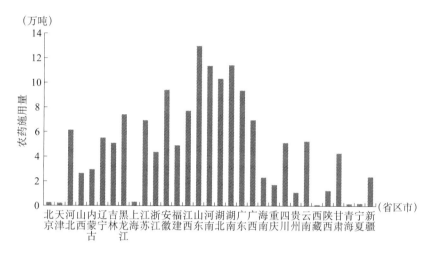

图 3 - 7　2018 年中国的 31 个省区市农药施用量情况

资料来源：笔者根据历年《中国农村统计年鉴》的相关数据，整理绘制而得。

总体来看，2018 年中国的 31 个省区市的农药施用情况差异较大且过量施药现象严重，具体分析如下。

从农药施用量来看，农药施用量最高的省区市为山东，高达 13 万吨，占全国农药施用量的 8.60%，之后是湖南和河南，分别为 11.42 万吨和 11.36 万吨，占全国农药施用量的 7.60% 和 7.50%；农药施用量较低的地区有北京、天津、上海、青海、宁夏、西藏、贵州和陕西，其农药施用量均低于 2 万吨。总体而言，中国农药施用量的地区差异明显，河南、山东和湖南等地的农药施用量较大，约占全国化肥施用折纯量的 1/4，而北京、天津、上海、青海、宁夏和西藏等地的农药施用量约 0.99 万吨，不足全国农药施用量的 1.00%。

从农药施用强度来看，中国各地区的农药施用强度情况差异较大，农药施用强度较高的省市有福建、海南、北京、广东和浙江，其农药施用强度均高于 20 千克/公顷。辽宁、上海、安徽、江西、山东、湖北、湖南、广西和甘肃等地的农药施用强度基本在 10 千克~15千克/公顷区间。天津、河北、山西、吉林、江苏、河南和云南等地的农药施用强度基本在 5 千克~10 千克/公顷区间。而内蒙古、贵州、西藏、陕西、新疆、青海和宁夏等地的农药施用强度相对较低，均在 5 千克/公顷以下（见图 3 - 8）。

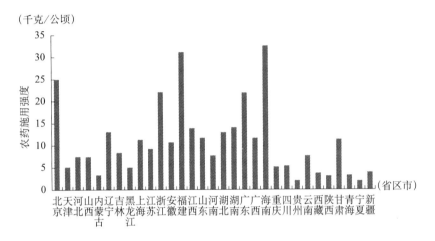

图 3 - 8　中国的 31 个省区市农药施用强度情况

资料来源：笔者根据历年《中国农村统计年鉴》的相关数据，整理绘制而得。

3.3　本章小结

　　本章先对中国不同农业经营主体的规模化发展情况进行描述分析，分别从区域层面和省级层面对不同省区市的规模农业经营户的发展情况进行对比分析。然后，对中国近 20 年的农用化学品（化肥和农药）的施用情况进行描述，分别从全国层面和省级层面对农用化学品（化肥和农药）的施用量及施用强度进行趋势分析和对比分析，主要分析结果如下。

第一，2000～2018年，中国农业经营主体的数量均呈不断上涨趋势，并且，2016年规模农业经营户的发展数量已超过农业生产经营单位，农业规模化经营已是大势所趋。其中，中国农业生产经营户的数量从1996年的19 308.82万户上涨到2016年的20 743.16万户，年均增长率为0.36%；农业生产经营单位的数量从1996年的35.77万个上涨到2016年的204.36万个，年均增长率为9.10%。而中国不同区域的农业规模化经营主体发展情况存在差异，东部地区和西部地区的农业经营规模化发展状况相对良好，而中部地区和东北地区的农业规模化发展状况较为缓慢。此外，不同省区市之间的农业规模化经营发展情况差异较为明显。黑龙江和山东的规模农业经营户数量相对较多，分别占全国规模农业经营户总量的13.9%和11.7%；内蒙古、河南和新疆的规模农业经营户数量相差不大，均为30万户左右；河北、辽宁、吉林、江苏、安徽、福建、湖南和四川等地的规模农业经营户数量则接近于全国平均水平；而北京、上海和西藏的规模农业经营户数量相对较少。

第二，中国农用化学品（化肥和农药）的施用情况呈先增后减态势，并且，各地区差异较大。

从化肥施用情况看，2000～2018年，中国化肥施用折纯量从4 146.4万吨增长到5 653.4万吨，增长了36.30%，化肥施用强度由265.3千克/公顷上升到340.8千克/公顷，增长了28.50%。而2015年以来，中国的化肥施用折纯量和化肥施用强度开始逐渐下降，且下降幅度逐年增大。以化肥施用强度为例，2015～2018年，化肥施用强度依次同比下降了0.68%、0.70%、1.73%和3.27%。此外，中国化肥施用折纯量存在较大的地区差异，其中，河南、山东和河北三省的化肥施用折纯量较大，约占全国化肥施用折纯量的1/4，而北京、天津、上海、青海和西藏等地的化肥施用折纯量相对较少，不足全国化肥施用折纯量的1.00%。

对于化肥施用强度，大部分省区市均存在过量施肥的现象。除黑龙江、江西、贵州、西藏、甘肃和青海的化肥施用强度符合国际标准之外，其他省区市的化肥施用强度均高于国际公认的 225 千克/公顷的安全上限。从农药施用情况来看，中国农药施用量从 2000 年的 127.95 万吨增长到 2018 年的 150.36 万吨，增长了 17.50%。而从 2015 年开始，中国农药施用量逐年下降，从 2015 年的 180.69 万吨降到 2018 年的 150.36 万吨，下降了 30.33 万吨，年均增长率为 -4.49%。此外，2010～2018 年，中国农药施用强度呈逐年下降趋势，由 2010 年的 11.21 千克/公顷下降到 2018 年的 9.06 千克/公顷，年均增长率为 -2.63%。而且，下降幅度逐渐增大，2016～2018 年，中国农药施用强度的下降比率分别为 2.45%、4.56% 和 8.92%。不同省区市的农药施用情况也存在较大差异，其中，河南、山东和湖南等地的农药施用量较大，约占全国农药施用量的 1/4，而北京、天津、上海、青海、宁夏和西藏等地的农药施用量相对较少。

综上所述，2000～2018 年，中国农业经营主体的数量均呈不断上升趋势，农业规模化经营已成为大势所趋，但不同地区的发展情况存在较大差异。2000～2018 年，中国的农用化学品（化肥和农药）过量施用现象有所缓解，农用化学品（化肥和农药）的施用量及施用强度均开始逐渐下降，化学品施用量由正增长转为负增长，但不同地区的施用情况各不相同，部分省区市仍存在过量施肥、施药的现象。

第4章 农业经营规模化发展 对化肥施用影响的实证研究

农业规模化经营是实现中国农业现代化的战略方向。农业规模化经营发展对化肥施用究竟会产生怎样的影响，已成为亟待解决的理论问题和现实问题。近年来，学界对于农业经营规模化发展能否降低农户的化肥投入存在较大分歧。鉴于此，本章将从投入规模和产出规模双重角度对农业经营规模进行系统性衡量，从理论上分析、探讨不同要素规模对农户化肥施用的影响机制，并利用 2004~2016 年水稻种植户的微观面板数据，实证分析农业经营规模化发展对农户化肥施用行为的影响。

4.1　理论分析与研究假设

既有研究对于农业经营规模化发展能否降低农户化肥投入存在较大分歧。考虑到农业经营规模化发展是多种投入要素、产出要素共同作用的结果，是基于土地规模扩张的生产要素的重新优化配置，因而不能仅采用单一的投入要素或产出要素来衡量农业经营规模。因此，本节将在理论上分别从投入规模和产出规模双重角度来分析农业经营规模对农户化肥施用的可能影响，从而为后续实证研究奠定理论基础。

1. 土地面积规模与化肥的施用

农场土地作为农业生产资料中的基本投入要素，往往会在一定程度上限制农业生产技术的进步（Wu et al.，2018）。一般而言，经营较大面积农场的农户更易于采用现代农业技术并优化管理方法，从而提高农用化学品的使用效率，进而降低其施用强度（Fan L. et al.，2018；Ren et al.，2019）。而当农场土地面积规模的增长受到耕地转移限制约束时，同时，其经营成本很大一部分固定（这部分成本不会随着土地面积的变化而变化）的情况下，一个收入最大化取向的农民会发现增加施用农用化学品比增加耕地或投资于机械更容易，从而会提高农用化学品施用的强度（Foster and Rosenzweig，2017）。吴等（Wu et al.，2018）发现，农场土地面积规模是影响中国各农场化肥施用强度的一个重要因素，农场土地规模每增加1.00%，每公顷化肥施用折纯量会减少0.30%。

2. 劳动力投入规模与化肥施用强度

劳动力投入与化肥的施用之间，存在替代和互补的复杂关系。一方面，化肥的施用需要劳动力投入的协助，两者具有互补性作用；另一方面，两者同作为农业生产的重要投入要素，化肥的增加会在一定程度上取代农业经营过程中田间管理的劳动力投入，两者又具有一定的替代关系（胡浩和杨永冰，2015；刘聪，2018）。在农业规模化进程中，常常伴随着农业劳动力相对成本的逐步提高。此时，农业劳动力价格的上涨会通过互补和替代两方面的综合作用对化肥投入产生影响，如果替代作用大于互补作用，那么，劳动力价格的上涨将会导致要素间相对价格的变动，造成化肥相对价格下降（胡浩和杨永冰，2015；吴丽丽等，2016）。这将激励以收入最大化为导向的农户调整要素投入的配置结构，在劳动力净流出的过程中，选择施用更多化肥来代替劳动力减少所导致的粮食产量下降的损失（Lambert，1990；李谷成等，2015；史常亮等，2016；陆文聪和刘聪，2017)。既有研究发现，非农就业比率与施肥量正相关，即家庭从事非农活动的人数越多，其单位面积化肥施用量越高 (何浩然等，2006)。劳动力市场状况对农户环境行为有显著的影响，农户化肥施用与劳动力要素之间存在替代关系 (Lambent，2003)。

3. 资本投入规模与化肥施用强度

农业资本化经营成为现代农业规模化发展的重要动力 (李谷成等，2014；胡雯等，2019)。农业资本投入的增加，势必会带来化肥等生产资料投入的决策变化和资源的重新优化配置。既有研究普遍认为，化肥投入是农业产出提高和农业经济增长的重要来源。近 20 年来，中国农业生产中化肥产出弹性较大且处于上升中，如孔祥智等 (2018) 研究表明，中国化肥产出弹性从 2000 年的 0.212 增加到 2016 年的 0.287。同时，中国种粮大户粮食生产对化肥的依赖度较高，化肥投资比重在流动资产投资结构中处于前列 (姚增福，2011)。在经济理性主导下，化肥等生产要素的投入仍将是规模化农户进行资本投入、提高农业产值的主要渠道。并且，规模化经营的农户在投入更多资本、获得更大产出的情况下，往往具有更高的风险规避 (偏好) 程度，更注重产量和市场风险导致的经济损失 (屈小博和霍学喜，2007)。而农户的风险规避程度越高，越倾向于施用更多的化肥以避免潜在的产量损失 (Paudel et al.，2000；仇焕广等，2014)。因而，为稳定提高产量、保障资本投入收益，农业投资的加大将会对化肥施用有一定的拉动作用。

4. 农业产出与化肥施用强度

既有文献已充分表明，化学肥料在保持土壤肥力、提高产量和保证收成质量方面起着重要作用。而农作物产出的变化对于化肥施用折纯量影响的相关研究还不多。有研究表明，农业施肥方法的改善，能提高化肥养分利用率，并且，化肥产出效率会对化肥施用强度产生负向影响 (龚琦和王雅鹏，2011)，这也导致单位产出高的农户将会减少化肥的施用强度。同时，粮食增产能够带来较高的农户收入（肖卫和肖琳子，2013；王欧和杨进，2014），而家庭收入水平较高的农户，更可能尝试环保型的生产行为（Zepeda et al.，2003），这也可能导致其减少施肥强度。但是，农业产出增加所带来的收入增长，也可能会正向激励农户增加包括化肥在内的农业生产要素的投入，以期获得更多产出（高晶晶等，2019），因而农业产出的增加对化肥施用强度的影响具有一定的不确定性。

综上所述，本章将农业经营规模指标分解为土地面积规模、劳动力投入规模、资本投入规模和农业产出规模，而这些农业经营规模指标的变化将会通过不同渠道对农业生产中化肥施用强度产生影响。基于上述分析，本章提出 4 个研究假说：（1）在分离劳动、资本等投入的替代作用之后，土地面积规模将会对化肥施用强度产生负向影响；（2）劳动力投入对化肥投入的替代性作用将会大于互补性作用，即劳动力投入规模的变化将对化肥施用强度产生负向影响；（3）化肥施用强度将会随着资本投入规模的扩大而加大；（4）农作物产出的增加对农户的化肥施用行为的影响方向，具有一定的不确定性。

4.2　模型设定

基于上述理论分析，农业生产中化肥施用强度不仅与土地面积规模有关，也可能受到劳动力规模和资本投入规模、农业产出规模等规模要素的影响，且不同要素规模对于农户化肥施用的作用机制可能各不相同。此外，农业生产中的经营决策及投入方式具有较强的连贯性，农户的化学品施用行为往往会受到前期行为的影响，进而可能会降低农业经营规模化发展对农户安全生产行为的影响。鉴于此，本节将在考虑农户前期化肥投入行为以及农业投入规模（土地面积规模、劳动力投入规模和资本投入规模）和农业产出规模对化肥施用强度影响的基础上，进行理论模型的设定。

为分析农业生产土地面积变化对化肥施用的影响，吴等（2018）构建了如下的土地面积对化肥施用强度影响模型：

$$Fertilizer_{it} = \alpha_0 + \beta_1 Farmsize_{it} + \sum_k \gamma_k X_{kit} + \sigma_i + \lambda_t + \varepsilon_{it}$$

$$(4-1)$$

在式（4-1）中，$Fertilizer_{it}$ 表示化肥施用强度；i 表示调查地块；t 表示调查年份；$Farmsize_{it}$ 表示农场土地面积规模；X_k 表示影响农用化学品施用强度的各种控制变量。β_1 表示解释变量的估算系数；γ_k 表示控制变量的估算系数；α_0 表示常数项；σ_i 表示不随时间变化的个体固定效应；λ_t 表示时间固定效应；ε_{it} 表示误差项。该模型是一个固定效应模型，用来分析土地面积规模与化肥施用强度之间的关系。

在吴等（2018）的化肥施用强度影响模型基础上，本章将农业生产中的投入规模变量和产出规模变量作为地块特征共同纳入化肥施用强度影响模型，并在解释变量中加入被解释变量的一阶滞后项，建立农业经营规模与化肥施用强度关系的模型（4-2），以检验农业经营中投入规模和产出规模对化肥施用强度的影响。

$$Fertilizer_{it} = \alpha_0 + \theta Fertilizer_{i(t-1)} + \beta_1 Farmsize_{it} + \beta_2 Labor_{it} +$$

$$\beta_3 Capital_{it} + \beta_4 Output_{i(t-1)} + \sum_k \gamma_k X_{kit} + \lambda_t + \varepsilon_{it} \quad (4-2)$$

在式（4-2）中，$Fertilizer_{i(t-1)}$ 为 $Fertilizer_{it}$ 的一阶滞后项。新增变量 $Labor_{it}$ 为劳动力投入规模；$Capital_{it}$ 为资本投入规模；$Output_{i(t-1)}$ 为前期农业产出规模；β_i 为各解释变量的估算系数；γ_k 为控制变量的估算系数；λ_t 为时间固定效应；α_0 为常数项；ε_{it} 为误差项。

在上述模型中，$Fertilizer_{it}$ 的一阶滞后项将存量因素对化肥施用强度可能存在的滞后效应纳入模型。农业产出规模 $Output_{i(t-1)}$ 以前期产出表示，一方面，是基于上述理论分析，农户前期产出的收入效应可能会对当期的化肥施用产生影响；另一方面，也避免了产出与投入（土地、劳动和资本）之间可能存在的多重共线性。

考虑到被解释变量滞后项作为解释变量与残差项相关，可能存在内生性问题，若使用普通最小二乘法（OLS）估计、固定效应模型或随机效应模型，将无法排除变量可能存在的内生性和滞后性等问题（高鸣和陈秋红，2014），从而会得到有偏误的回归系数。因此，为缓解滞后的被解释变量与残差项相关以及残差项中的固定个体特征与解释变量相关导致的内生性问题，本章将采用广义矩估计方法（GMM）（Arellano and Bond，1991；Arellano and Bover，1995）以消除滞后项和不可观察的面板固定效应相关性的偏差，从而能够有效地控制其他因素的影响，将不可观测的因素控制在固定效应中。

为了克服滞后被解释变量与残差项之间的相关性，以及解决其余解释变量的内生性问题，本章采用被解释变量的滞后项作为工具变量。此外，相较于差分广义矩估计，系统广义矩估计（GMM）将方程的差分系统和水平系统结合在一起，并将两类方程视为一个系统，从而提高了估计的效率和有效性，具有更好的无偏性（干春晖等，2011；Che et al.，2013；向涛和綦勇，2015），因而本章将主要采用系统 GMM 方法进行模型估计。

4.3　变量说明与描述性分析

根据模型研究的需要，借鉴既有研究及相关文献，同时，考虑研究数据的可获得性，本章选取了以下被解释变量和解释变量，具体说明如下。

1. 被解释变量

被解释变量为化肥施用强度，以每公顷化肥施用费用表示。化肥施用强度是用调查当年的农作物化肥施用费用除以播种面积计算而得，化肥施用费用按调查当年实际的购买价加运杂费计算，企业、政府或他人无偿或低价提供的化肥，按照正常购买期间当地的市场价格计算得到。相对于化肥总体投入而言，化肥施用强度更能反映出不同地区农户化肥施用的实际情况（李海鹏和张俊飚，2009；葛继红和周曙东，2012）。

2. 核心解释变量

本章的核心解释变量为农业经营规模。基于上述理论分析，本章将通过农业投入规模（土地面积规模、劳动力投入规模和资本投入规模）和农业产出规模两方面衡量农户的农场经营规模。农户的土地面积规模为农作物的耕地种植面积的大小，包含农户自有耕地面积和流转耕地面积，采用对数形式表示。劳动力投入规模为农业生产经营过程中的劳动力投入天数，包括雇工天数和家庭用工天数。其中，雇工天数是指，雇用工人劳动的总小时数按照标准劳动日（8小时/天）折算的天数；家庭用工天数是指，家庭劳动用工折算成中等劳动力的总劳动小时数按照标准劳动日（8小时/天）折算的天数。资本投入规模为农业生产过程中的资本性投入，包含各类物质性资本投入、技术类投入和其他直接相关费用。农业产出规模为主要农作物产品产量，按照实际收获的主要农作物产品的数量计算得到，其中，主要农作物产品为粮食作物按照原粮（标准水分）计算。

3. 控制变量

本章的控制变量为化肥施用强度的其他各类影响因素，主要包含社会经济因素（土地价格、劳动力价格、农户年龄和受教育程度）和政策因素（农业补贴）。土地价格为当地流转地租金和自营地折租之和。其中，流转地租金按照生产者实际支付的转包费净额或承包费净额计算；自营地折租应主要参照当地土地转包费或承包费净额计算，反映了自营地投入生产时的机会成本。劳动力价格为农户的家庭劳动日工价，用于核算家庭劳动用工的机会成本，具体是指每个劳动力从事一个标准劳动日的农业生产劳动的理论报酬。财政补贴是指，每公顷耕地平均得到的农业补贴金额。所有价格变量和费用变量都以 2004 年为基期，根据当年 CPI 去除通货膨胀后的实际价格和费用核算。农户年龄为调查当年农户的年龄。农户教育程度包含未受教育、小学、初中、高中、大专及以上共五个级别，分别以 0、1、2、3、4 表示。

从 2004 年持续到 2016 年，调查浙江省 945 个地块。调查地块数量逐年增加，从 2004 年的 245 户（其中，早籼稻 71 户、晚籼稻 63 户、粳稻 111 户）增加到 2016 年的 480 户（其中，早籼稻 173 户、晚籼稻 132 户、粳稻 175 户）。

在上述模型中，各变量的描述性统计结果，如表 4 - 1 所示。

表 4 - 1　　　　　　　各变量的描述性统计结果

模型变量	变量单位	均值	标准差
化肥施用强度	元/公顷	1 335. 300	377. 202
土地面积规模	公顷	2. 323	9. 904
劳动力投入规模	天/公顷	76. 366	30. 350
资本投入规模	百元/公顷	81. 520	18. 665
农业产出规模	吨/公顷	6. 841	1. 149
化肥价格	元/吨	4 307. 575	782. 202
劳动力价格	元/天	40. 489	14. 547
土地成本	百元/公顷	21. 163	12. 033
农业补贴	百元/公顷	13. 404	13. 597
年龄	—	55. 465	8. 948
教育程度	—	1. 826	0. 747

注："—"表示无变量单位。

资料来源：笔者利用 Stata14.0 软件计算整理而得。

4.4　实证结果分析

4.4.1　实证结果

本章主要采用系统广义矩估计（GMM）方法对式（4 - 2）进行参数估计，得出水稻农业经营规模对化肥施用强度影响估计结果

（见表4-2）。表4-2中的模型（1）为仅考虑核心解释变量的两阶段系统GMM估计模型。模型（2）～模型（4）为分别加入不同控制变量后的两阶段系统GMM估计模型。作为对比，还采用差分GMM方法和固定效应方法对式（4-2）进行估计，模型（5）和模型（6）分别为差分GMM估计模型和固定效应估计模型。本章所用统计软件为Stata14.0。

表4-2　　　水稻农业经营规模对化肥施用强度影响估计结果

模型变量	模型（1）系统GMM	模型（2）系统GMM	模型（3）系统GMM	模型（4）系统GMM	模型（5）系统GMM	模型（6）固定效应
L. 化肥施用强度	0.271**	0.162***	0.162***	0.161***	0.133***	
	(0.124)	(0.024)	(0.024)	(0.024)	(0.024)	
土地面积规模	-10.253*	-11.922**	-11.774**	-12.561**	-44.714***	-37.349***
	(6.094)	(4.905)	(5.094)	(5.131)	(15.839)	(11.522)
劳动力投入规模	-4.058***	-4.555***	-4.557***	-4.544***	-5.496***	-4.230***
	(0.313)	(0.303)	(0.302)	(0.302)	(0.471)	(0.371)
资本投入规模	14.312***	15.329***	15.325***	15.329***	20.021***	15.427***
	(0.708)	(0.608)	(0.611)	(0.615)	(1.007)	(0.787)
L. 农业产出规模	-5.932	-1.923	-2.046	-2.129	-7.673	-4.046
	(8.805)	(5.433)	(5.559)	(5.555)	(7.660)	(6.479)
劳动力价格		-9.802***	-9.798***	-9.629***	-10.613***	-3.147*
		(1.000)	(1.025)	(1.037)	(2.128)	(1.622)
土地成本		4.901***	4.893***	4.878***	0.451	3.286***
		(0.793)	(0.798)	(0.800)	(1.180)	(1.114)
化肥价格		0.126***	0.126***	0.125***	0.111***	0.121***
		(0.015)	(0.015)	(0.015)	(0.016)	(0.016)
农业补贴			-0.049	-0.065	-0.761	-0.245
			(0.547)	(0.547)	(0.898)	(0.734)
教育程度				0.669	13.431	-6.284
				(8.611)	(21.197)	(15.852)
年龄				-0.968	3.242	-1.065
				(0.838)	(3.917)	(3.701)
年份固定效应	已控制	已控制	已控制	已控制	已控制	已控制

模型变量	模型（1）系统 GMM	模型（2）系统 GMM	模型（3）系统 GMM	模型（4）系统 GMM	模型（5）系统 GMM	模型（6）固定效应
常数项	-2.014	0.000	0.000	-5.230		23.557*
	(6.376)	(0.000)	(0.000)	(7.052)		(13.712)
样本数	4 811	4 811	4 811	4 811	4 811	4 811
地块数	945	945	945	945	945	945
AR（1）检验 p 值	0.000	0.000	0.000	0.000	0.000	
AR（2）检验 p 值	0.364	0.753	0.755	0.769	0.853	
Hansen 检验 p 值	0.199	0.149	0.148	0.145	0.158	
R^2						0.345

注：*、**、*** 分别表示在10%、5%和1%的统计水平上显著，括号内为稳健标准误；AR（2）的零假设，为差分后的残差项不存在二阶序列自相关；Hansen 检验的零假设为过度识别检验，是有效的。

资料来源：笔者根据农产品生产成本与收益调查数据，利用 Stata14.0 软件计算整理而得。

从模型估计结果来看，Arellano-Bond 二阶序列相关检验结果均表明估计方程的误差项存在一阶自相关，而不存在二阶自相关，这说明估计值是无偏的和一致的。同时，各模型均通过了检验整体工具变量有效性的 Hansen 过度识别检验，表明模型中的工具变量具备有效性。因此，该估计结果具有统计学意义上的可靠性。表4-2中的模型（1）~模型（5）的估计结果具有一致性，因此，为方便进行结果说明，后续分析将以模型（4）的估计结果为准。

本章重点考察土地面积规模、劳动力投入规模、资本投入规模和农业产出规模四个农业经营规模指标对化肥施用强度的影响。从土地面积规模角度来看，本章在分离其他投入规模因素和产出规模因素并考虑前期化肥投入影响的情况下，系统 GMM 估计的结果［表4-2中模型（1）~模型（4）］均显示土地面积规模对化肥施用强度具有负向影响，并且，在5%的水平上显著，说明土地面积规模每增加1%，化肥的施用强度将减少12.561个单位。这与大多数学者关于农户土地面积规模对化肥施用影响的研究一致（Zhang et al.，2013；Ju et al.，2016；Foster and Rosenzweig，2017；Wu et al.，2018；高晶晶等，2019）。既有研究大多采用固定效应模型，得出土地面积增加能减少化肥施用的结论。本章在考虑农户前期施肥行为并分离其他投入规模因素和产出规模因素的影响后，发现土地面积规模的扩大会降低农户的化肥施用强度。结合前述理论分析，该结果表明，土地面积规模的扩大产生了技术释放效应，从而使得农户采用更有效的施肥方法，提高了施肥效率，减少了化肥的施用量。

从劳动力投入规模角度来看，劳动力投入规模对化肥施用强度具有负向影响，并且在 1% 的水平上显著，表明劳动力投入规模每增加一个单位，化肥施用强度将减少 4.544 个单位。即农业劳动力投入的增加会在一定程度上降低化肥的投入强度，表明劳动力投入规模对化肥的替代性作用大于互补性作用。这意味着，在目前城乡收入差异较大的现实背景下，劳动力价格上涨导致化肥相对价格降低，从而激励农户进行要素投入配置的调整，以自身利益最大化为导向的农户可能通过替代性要素（化肥、农药等）的投入和重新配置来应对劳动力资源的不足，以维持农业生产水平。这与部分学者的研究具有一致性（胡浩和杨泳冰，2015；吴丽丽等，2016；陆文聪和刘聪，2017）。

从资本投入规模角度来看，资本投入规模对化肥施用强度具有正向影响，并且在 1% 的水平上显著，表明资本投入规模每增加一个单位，化肥施用强度将增加 15.329 个单位。即随着农场单位面积资本投入增加，农户的化肥施用强度将会增加，表明了资本投入规模对化肥投入的拉动作用。规模化经营的农户在投入更多资本获得更大产出的情况下，往往具有更高的风险规避（偏好）程度，更注重产量下降风险所导致的经济损失。农户的风险规避程度越高，越倾向于施用更多的化肥以避免潜在的产量损失（Paudel et al.，2000；仇焕广等，2014）。因而，规模较大的农户为稳定提高产量、保障资本投入收益，将会加大对化肥的施用强度。

从农业产出规模来看，农业产出规模滞后项（滞后一期）的回归系数为负、但不显著，即粮食产量变化对化肥施用折纯量没有显著的影响。这可能是因为农业产出及相应收入的增加所引发的农户环保型行为和投资性行为对化肥施用的影响方向不同，所以，水稻农业产出对化肥施用强度的影响也难以确定。

表4－2中的模型（4）的估计结果表明，化肥施用强度滞后项（滞后一期）的估计系数显著为正，说明前一期化肥施用强度对本期化肥施用强度有正向作用，并且在1%的水平上显著，表明前一期化肥施用强度每增加一个单位，将使得本期化肥施用强度增加0.161个单位。即农户有一定的化肥施用习惯，农户的化肥施用行为会受到前期行为的影响，其化肥施用行为具有一定的惯性，这与史清华（2009）及高晶晶等（2019）的研究结论基本一致。

表4－2还汇报了控制变量的估计系数。估计系数显示，化肥施用强度与劳动力价格呈反向变动，并且在1%的水平上显著，这可能是劳动力价格高的地方收入水平较高，会更注重化肥投入带来的不利影响，进而化肥施用量较少。化肥价格对农户化肥施用强度具有正向影响，并且在1%的水平上显著，表明化肥价格每增加一个单位，化肥施用强度将增加0.125个单位。化肥施用强度与土地成本同向变动，并且在1%的水平上显著，表明土地价格每增加一个单位，化肥施用强度将增加4.878个单位，可能是土地成本高的地方农户更加重视农作物产出和收入，为了避免产出风险而增加化肥投入。农业补贴对化肥施用强度的影响系数为负、但并不显著，农户年龄和教育程度对化肥施用强度的影响均不显著。江激宇等（2012）研究指出，农户年龄及生产年限（经验）对农户施肥行为没有显著的影响。而何浩然等（2006）、郑鑫（2010）的研究也显示，无法确定农户教育水平的提高是否会减少化肥、农药施用量。

4.4.2 稳健性分析

为了增强上述结论的可靠性，本章分别采用改变模型设定、改变估计方法、替换被解释变量和分样本估计来进行稳健性检验。

（1）依次在模型中引入要素价格（化肥价格、土地价格、劳动力价格）、农业补贴和农户特征变量（年龄和受教育程度）三组控制变量（表 4 - 2 中的模型（1）～模型（4）），估计结果显示，各核心变量和控制变量的系数方向及显著性基本上未发生改变。

（2）考虑到回归结果是否因估计方法的不同而出现差异，本章对比了差分 GMM 估计和固定效应估计，表 4 - 2 中的模型（5）和模型（6）提供了差分 GMM 模型和固定效应模型的估计结果。

（3）为考察不同化肥施用强度代理变量对模型估计的影响，本章使用替换变量（被解释变量）的方法进一步检验模型的可靠性。该方法也是模型稳健性检验的常用方法之一（陈中飞等，2017；唐云峰等，2017；高晶晶等，2019）。研究选取每公顷化肥折纯施用量作为被解释变量化肥施用强度的替代指标进行模型估计。表 4 - 3 提供了替换被解释变量后，对样本总体的系统 GMM 回归结果。

（4）考虑到不同品种的水稻可能会对估计结果产生影响，并且，分样本回归的研究方法在实证研究中被广泛使用（徐丽鹤等，2013；陈中飞等，2017；秦雪征等，2018），因此，本章将总样本分为早籼稻、晚籼稻和粳稻三个子样本，并分别进行计量回归（系统 GMM 模型）分析，以检验模型的稳健性。

表 4 - 3～表 4 - 6 的估计结果显示，替换被解释变量、分样本回归和改变估计方法之后，各核心解释变量估计系数符号与显著性基本未发生变化。据以上稳健性分析，模型回归结果在整体上是稳健的。

1. 替换被解释变量的稳健性检验

为考察不同化肥施用强度代理变量对模型估计的影响，本章使用替换变量（被解释变量）的方法进一步检验模型的可靠性，研究选取每公顷化肥折纯施用量作为被解释变量化肥施用强度的替代指标进行模型估计。如表 4 - 3 所示，分别采用系统广义矩估计

（GMM）模型和固定效应模型进行稳健性检验，表4－3中的模型（1）为仅考虑核心解释变量的两阶段系统 GMM 估计模型。模型（2）～模型（4）为分别加入不同控制变量后的两阶段系统 GMM 估计模型。模型（5）为固定效应估计模型。本章所用统计软件为 Stata14.0。水稻农业经营规模对化肥施用强度影响稳健性检验结果，见表4－3。

表4－3　　　水稻农业经营规模对化肥施用强度影响稳健性检验结果

模型变量	模型（1） 系统 GMM	模型（2） 系统 GMM	模型（3） 系统 GMM	模型（4） 系统 GMM	模型（5） 固定效应
L. 化肥施用强度	0.198 ***	0.187 ***	0.187 ***	0.185 ***	
	(0.027)	(0.025)	(0.025)	(0.025)	
土地面积规模	－ 0.847	－ 2.281 **	－ 2.229 *	－ 2.445 **	－ 8.158 ***
	(1.194)	(1.153)	(1.196)	(1.208)	(2.639)
劳动力投入规模	－ 0.735 ***	－ 1.037 ***	－ 1.037 ***	－ 1.033 ***	－ 0.926 ***
	(0.070)	(0.071)	(0.070)	(0.070)	(0.085)
资本投入规模	2.807 ***	3.449 ***	3.448 ***	3.453 ***	3.358 ***
	(0.132)	(0.141)	(0.142)	(0.143)	(0.175)
L. 农业产出规模	2.597 **	0.155	0.104	0.130	－ 1.048
	(1.226)	(1.265)	(1.291)	(1.288)	(1.508)
劳动力价格		－ 2.225 ***	－ 2.223 ***	－ 2.183 ***	－ 0.432
		(0.244)	(0.251)	(0.255)	(0.389)
土地成本		1.021 ***	1.019 ***	1.011 ***	0.806 ***
		(0.183)	(0.185)	(0.185)	(0.270)
化肥价格		－ 0.029 ***	－ 0.029 ***	－ 0.029 ***	－ 0.029 ***
		(0.002)	(0.002)	(0.002)	(0.002)
农业补贴			－ 0.019	－ 0.020	－ 0.002
			(0.131)	(0.132)	(0.179)
教育程度				－ 0.660	－ 2.010
				(2.019)	(3.650)
年龄				－ 0.274	－ 0.510
				(0.187)	(0.922)
年份固定效应	已控制	已控制	已控制	已控制	已控制
常数项	32.459 **	0.000	223.231 ***	0.000	326.885 ***
	(13.552)	(0.000)	(19.721)	(0.000)	(50.026)
样本数	4 811	4 811	4 811	4 811	4 811

续表

模型变量	模型（1）系统 GMM	模型（2）系统 GMM	模型（3）系统 GMM	模型（4）系统 GMM	模型（5）固定效应
地块数	945	945	945	945	945
AR（1）检验 p 值	0.000	0.000	0.000	0.000	
AR（2）检验 p 值	0.879	0.966	0.969	0.985	
Hansen 检验 p 值	0.138	0.187	0.186	0.178	
R^2					0.257

注：*、**、***分别表示在10%、5%和1%的统计水平上显著，括号内为稳健标准误；AR（2）的零假设为差分后的残差项不存在二阶序列自相关；Hansen 检验的零假设为过度识别检验是有效的。

资料来源：笔者根据农产品生产成本与收益调查相关数据，利用 Stata14.0 软件计算整理而得。

从表 4 - 3 模型估计结果来看，Arellano-Bond 二阶序列相关检验结果均表明，估计方程的误差项存在一阶自相关而不存在二阶自相关，这表明，估计值是无偏和一致的，同时，各模型均通过了检验整体工具变量有效性的 Hansen 过度识别检验，表明模型中的工具变量具备有效性，因此，该估计结果具有统计学意义上的可靠性。表4 - 3中的模型（1）～模型（4）的估计结果具有一致性，因此，为方便进行结果说明，后续分析将以模型（4）的估计结果为准。

表 4 - 3 水稻农业经营规模对化肥施用强度影响稳健性检验结果显示，各核心解释变量的估计系数符号与显著性均未发生变化。从土地面积规模角度来看，本章在分离其他投入规模因素和产出规模因素并考虑前期化肥投入影响的情况下，系统 GMM 估计模型的结果（表 4 - 3 中的模型（1）～模型（4））均显示，土地面积规模对化肥施用强度具有负向影响，并且，在5%的水平上显著。这与大多数学者关于农户土地面积规模对化肥施用影响的研究一致，并与基准模型的估计结果相一致。从劳动力投入规模角度来看，劳动力投入规模对水稻的化肥施用强度具有负向影响，并且在1%的水平上显著，即农业劳动力投入的增加会在一定程度上降低化肥的投入强度，表明劳动力投入规模对化肥的替代性作用大于互补性作用，与基准

模型的估计结果相一致。从资本投入规模角度来看，资本投入规模对化肥施用强度具有正向影响，并且在 1% 的水平上显著，即随着农场单位面积资本投入的增加，农户的化肥施用强度将会增加，表明了资本投入规模对化肥投入的拉动作用，这与基准模型的估计结果相一致。从农业产出规模来看，农业产出规模滞后项（滞后一期）的回归系数为负、但不显著，即粮食产量变化对水稻的化肥施用折纯量没有显著的影响，与基准模型的估计结果相一致。模型（4）的估计结果表明，化肥施用强度滞后项（滞后一期）估计系数显著为正，说明水稻的前一期化肥施用强度对其后期的化肥施用强度有正向的作用，并且在 1% 的水平上显著，即农户有一定的化肥施用习惯，农户的化肥施用行为会受到前期行为的影响，其化肥施用行为具有一定的惯性，这与基准模型的估计结果相一致。控制变量的估计系数显示，化肥价格对农户化肥施用强度具有正向影响，符合经济需求定律，并且在 1% 的水平上显著，这与基准模型的估计结果相一致。化肥的施用强度与劳动力价格呈反向变动，并且在 1% 的水平上显著，这与基准模型的估计结果相一致，表明当农业劳动力市场价格提升时，以收入最大化为导向的农户可能会选择增加农业劳动力的投入，从而在一定程度上减少化肥的施用强度。化肥的施用强度与土地成本同向变动，并且在 1% 的水平上显著，这与基准模型的估计结果相一致，可能是土地成本高的地方，农户更加重视农作物产出和收入，为了避免产出风险而增加化肥投入。农业补贴对化肥施用强度的影响系数为负、但并不显著，农户年龄和教育程度对化肥施用强度的影响均不显著。

2. 分样本稳健性检验

考虑到不同品种的水稻可能会对估计结果产生影响，并且，分样本回归的研究方法在实证研究中被广泛使用（徐丽鹤等，2013；陈中飞等，2017；秦雪征等，2018）。本章将总样本分为粳稻、早籼稻和晚籼稻三个子样本，并分别采用系统广义矩估计（GMM）模型和固定效应模型进行稳健性检验，其中，表 4 - 4 ~ 表 4 - 6 的模型（1）均为仅考虑核心解释变量的两阶段系统 GMM 估计模型。模型（2）~模型（4）为分别加入不同控制变量后的两阶段系统 GMM 估计模型。模型（5）均为固定效应估计模型。本章所用统计软件为Stata14.0。各模型估计结果如表 4 - 4 ~ 表 4 - 6 所示。

从稳健性检验结果来看，Arellano-Bond 二阶序列相关检验结果均表明，估计方程的误差项存在一阶自相关，而不存在二阶自相关，这表明估计值是无偏的和一致的，同时，各模型均通过了检验整体工具变量有效性的 Hansen 过度识别检验，表明模型中的工具变量具备有效性。因此，该估计结果具有统计学意义上的可靠性。其中，模型(1)~模型（4）的估计结果具有一致性，为方便进行结果说明，后续分析将均以模型（4）的估计结果为准，具体分析如下。

表 4 - 4 中粳稻农业经营规模对化肥施用强度影响稳健性检验结果显示，各核心解释变量的估计系数符号与显著性基本未发生变化。具体而言，从土地面积角度来看，在分离其他投入规模因素和产出规模因素并考虑前期化肥投入影响的情况下，系统 GMM 估计的结果（表 4 - 4 中的模型（1）~模型（4））均显示粳稻的土地面积规模对化肥施用强度具有显著负向影响，这与基准模型的估计结果相一致。从劳动力投入角度来看，粳稻的劳动力投入规模对其化肥施用强度具有显著负向影响，即农业劳动力投入的增加会在一定程度上降低化肥的投入强度，表明劳动力投入对化肥的替代性作用大于互补性作用，与基准模型的估计结果相一致。从资本投入角度来看，资本投入规模对粳稻的化肥施用强度具有显著的正向影响，同样表明了资本投入规模对化肥投入的拉动作用，与基准模型的估计结果相一致。从农业产出角度来看，农业产出规模滞后项（滞后一期）的回归系数显著为正，即粳稻粮食产量变化对化肥施用折纯量有显著的正向影响，这可能是粳稻作物农业产出及相应收入的增加所引发的农户环保型行为弱于农户的生产投资性行为。此外，模型估计结果表明，化肥施用强度滞后项（滞后一期）估计系数显著为正，

说明粳稻的前一期化肥施用强度对其后期的化肥施用强度有显著正向的作用，其余控制变量的估计系数结果，均未发生显著改变。

表4-4　　粳稻农业经营规模对化肥施用强度影响稳健性检验结果

模型变量	模型（1）系统 GMM	模型（2）系统 GMM	模型（3）系统 GMM	模型（4）系统 GMM	模型（5）固定效应
L. 化肥施用强度	0.141 ***	0.114 ***	0.116 ***	0.115 ***	
	(0.037)	(0.036)	(0.036)	(0.037)	
土地面积规模	-24.497 **	-18.323 *	-16.657	-17.380 *	-23.525
	(11.311)	(9.994)	(10.261)	(10.254)	(20.075)
劳动力投入规模	-6.882 ***	-6.135 ***	-6.141 ***	-6.111 ***	-5.860 ***
	(0.649)	(0.579)	(0.582)	(0.585)	(0.635)
资本投入规模	18.690 ***	17.937 ***	17.929 ***	17.898 ***	18.977 ***
	(1.137)	(1.123)	(1.138)	(1.156)	(1.315)
L. 农业产出规模	22.473 ***	22.606 ***	22.727 ***	22.101 ***	14.196
	(8.512)	(8.166)	(8.249)	(8.383)	(11.626)
劳动力价格		-8.945 ***	-8.954 ***	-8.908 ***	-9.496 ***
		(2.179)	(2.218)	(2.208)	(2.556)
土地成本		3.406 ***	3.412 ***	3.324 ***	1.284
		(0.980)	(0.990)	(0.982)	(1.468)
化肥价格		0.208 ***	0.207 ***	0.206 ***	0.192 ***
		(0.018)	(0.018)	(0.019)	(0.020)
农业补贴			-0.298	-0.299	-0.640
			(1.197)	(1.196)	(1.280)
教育程度				5.236	4.652
				(16.516)	(21.921)
年龄				-1.062	-15.384 ***
				(1.526)	(3.778)
年份固定效应	已控制	已控制	已控制	已控制	已控制
常数项	-389.470 ***	-722.129 ***	-716.245 ***	0.000	644.500 ***
	(110.904)	(160.390)	(160.054)	(0.000)	(215.517)
样本数	1 828	1 828	1 828	1 828	1 828
地块数	329	329	945	329	329

模型变量	模型（1）系统 GMM	模型（2）系统 GMM	模型（3）系统 GMM	模型（4）系统 GMM	模型（5）固定效应
AR（1）检验 p 值	0.000	0.000	0.000	0.000	
AR（2）检验 p 值	0.166	0.074	0.075	0.074	
Hansen 检验 p 值	0.053	0.099	0.088	0.087	
R^2					0.437

注：＊、＊＊、＊＊＊分别表示在10％、5％和1％的统计水平上显著，括号内为稳健标准误；AR（2）的零假设为差分后的残差项，不存在二阶序列自相关；Hansen 检验的零假设为过度识别检验是有效的。

资料来源：笔者根据农产品生产成本与收益调查相关数据，利用 Stata14.0 软件计算整理而得。

表4-5中早籼稻农业经营规模对化肥施用强度影响稳健性检验结果显示，各解释变量的估计系数符号与显著性基本上未发生变化。具体而言，从土地面积角度来看，在分离其他投入规模因素和产出规模因素并考虑前期化肥投入影响的情况下，早籼稻土地面积规模的估计系数均为负、但并不显著，表明早籼稻土地面积规模的增长并不能带来化肥施用强度的显著减少。从劳动力投入角度来看，早籼稻劳动力投入规模对其化肥施用强度具有显著负向影响。即农业劳动力投入的增加会在一定程度上降低化肥的投入强度，表明劳动力投入对化肥的替代性作用大于互补性作用，这与基准模型的估计结果相一致。从资本投入角度来看，早籼稻资本投入规模对其化肥施用强度具有显著的正向影响，即随着农场单位面积资本投入规模的增加，农户的化肥施用强度将会增加，表明资本投入规模对化肥投入的拉动作用，这与基准模型的估计结果相一致。从农业产出角度来看，农业产出规模滞后项（滞后一期）的回归系数并不显著，即早籼稻产量变化对化肥施用折纯量没有显著的影响，这可能是因为农业产出及相应收入的增加所引发的农户环保型行为和投资性行为对早籼稻化肥施用的影响方向不同，所以，早籼稻农业产出规模对化肥施用强度的影响也难以确定。此外，模型估计结果表明，化肥施用强度滞后项（滞后一期）估计系数显著为正，说明前期化

施用强度对其后期的化肥施用强度有显著正向的作用，即农户有一定的化肥施用习惯，农户的化肥施用行为会受到前期行为的影响，这与基准模型的估计结果相一致，其余控制变量的估计系数，基本未发生改变。

表 4 – 5　早籼稻农业经营规模对化肥施用强度影响稳健性检验结果

模型变量	模型（1）系统 GMM	模型（2）系统 GMM	模型（3）系统 GMM	模型（4）系统 GMM	模型（5）固定效应
L. 化肥施用强度	0.450 ***	0.207 ***	0.206 ***	0.204 ***	
	（0.125）	（0.036）	（0.037）	（0.037）	
土地面积规模	– 11.618	– 11.478 *	– 7.702	– 9.103	– 45.377 ***
	（7.103）	（6.736）	（6.638）	（6.572）	（15.910）
劳动力投入规模	– 3.227 ***	– 3.696 ***	– 3.799 ***	– 3.756 ***	– 3.588 ***
	（0.402）	（0.435）	（0.432）	（0.434）	（0.522）
资本投入规模	11.326 ***	12.903 ***	12.889 ***	12.967 ***	13.257 ***
	（1.031）	（1.008）	（0.978）	（0.988）	（1.168）
L. 农业产出规模	– 14.263	– 0.300	0.551	1.149	0.722
	（11.130）	（9.507）	（9.508）	（9.548）	（10.738）
劳动力价格		– 8.712 ***	– 8.012 ***	– 7.941 ***	3.238
		（1.552）	（1.526）	（1.559）	（2.666）
土地成本		3.573 **	3.287 **	3.194 **	– 1.126
		（1.539）	（1.483）	（1.472）	（2.021）
化肥价格		0.099 ***	0.108 ***	0.106 ***	0.107 ***
		（0.021）	（0.023）	（0.022）	（0.018）
农业补贴			– 0.944	– 0.982	– 1.280
			（1.103）	（1.113）	（1.123）
教育程度				– 16.669	– 22.703
				（13.613）	（16.927）
年龄				– 1.887	3.368
				（1.244）	（6.401）
年份固定效应	已控制	已控制	已控制	已控制	已控制
常数项	0.000	0.000	82.165	0.000	– 23.931
	（0.000）	（0.000）	（155.900）	（0.000）	（344.891）
样本数	1 734	1 734	1 734	1 734	1 734

续表

模型变量	模型（1）系统 GMM	模型（2）系统 GMM	模型（3）系统 GMM	模型（4）系统 GMM	模型（5）固定效应
地块数	353	353	353	353	353
AR（1）检验 p 值	0.000	0.000	0.000	0.000	
AR（2）检验 p 值	0.066	0.141	0.164	0.171	
Hansen 检验 p 值	0.431	0.198	0.227	0.231	
R^2					0.347

注：＊、＊＊、＊＊＊分别表示在10%、5%和1%的统计水平上显著，括号内为稳健标准误；AR（2）的零假设为差分后的残差项，不存在二阶序列自相关；Hansen 检验的零假设，为过度识别检验是有效的。

资料来源：笔者根据农产品生产成本与收益调查数据，利用 Stata14.0 软件计算整理而得。

表4-6晚籼稻农业经营规模对化肥施用强度影响稳健性检验结果显示，各解释变量的估计系数符号与显著性基本上未发生变化。具体而言，从土地面积角度来看，在分离其他投入规模因素和产出规模因素并考虑前期化肥投入影响的情况下，土地面积规模的估计系数为负、但并不显著，表明晚籼稻土地面积规模的增长并不能带来化肥施用强度的显著减少。从劳动力投入角度来看，晚籼稻的劳动力投入规模对其化肥施用强度具有显著的负向影响。即农业劳动力投入的增加会在一定程度上降低化肥的投入强度，这与基准模型的估计结果相一致。从资本投入角度来看，晚籼稻的资本投入规模对其化肥施用强度具有显著的正向影响，即随着农场单位面积资本投入的增加，农户的化肥施用强度将会增加，这与基准模型的估计结果相一致。从农业产出角度来看，农业产出规模滞后项（滞后一期）的回归系数并不显著，即晚籼稻产量变化对化肥施用折纯量没有显著的影响，与基准模型的估计结果相一致。此外，模型估计结果表明，化肥施用强度滞后项（滞后一期）估计系数显著为正，说明晚籼稻的前期化肥施用强度对其后期的化肥施用强度有显著正向的作用，即农户有一定的化肥施用习惯，与基准模型的估计结果相一致。在控制变量的估计系数中，农业补贴的估计系数显著为负，

表明晚籼稻的农业补贴与化肥施用强度呈反向变动。其余变量的估计结果，均未发生显著改变。

表4-6　晚籼稻农业经营规模对化肥施用强度影响稳健性检验结果

模型变量	模型（1）系统GMM	模型（2）系统GMM	模型（3）系统GMM	模型（4）系统GMM	模型（5）固定效应
L. 化肥施用强度	0.212***	0.158***	0.183***	0.181***	
	(0.056)	(0.061)	(0.063)	(0.065)	
土地面积规模	8.797	-4.504	7.124	7.123	20.518**
	(10.180)	(9.196)	(9.914)	(10.099)	(10.271)
劳动力投入规模	-2.511***	-3.398***	-3.153***	-3.127***	-2.507***
	(0.624)	(0.613)	(0.632)	(0.626)	(0.493)
资本投入规模	12.346***	13.950***	13.381***	13.371***	13.320***
	(1.291)	(1.279)	(1.307)	(1.321)	(1.176)
L. 农业产出规模	-10.931	-11.913	-15.122	-14.906	-17.125**
	(11.964)	(11.309)	(11.528)	(11.626)	(8.181)
劳动力价格		-14.317***	-11.645***	-11.648***	-15.430***
		(2.319)	(2.306)	(2.321)	(1.968)
土地成本		8.493***	7.304***	7.280***	7.383***
		(2.419)	(2.264)	(2.294)	(2.124)
化肥价格		0.092***	0.094***	0.093***	0.104***
		(0.024)	(0.027)	(0.027)	(0.020)
农业补贴			-4.865**	-4.860**	-4.806**
			(2.350)	(2.345)	(2.295)
教育程度				-5.242	-12.844
				(16.367)	(19.525)
年龄				-0.735	-0.913
				(1.575)	(1.520)
年份固定效应	已控制	已控制	已控制	已控制	已控制
常数项	-317.262**	5.823	-16.010	0.000	862.687***
	(158.106)	(194.347)	(194.649)	(0.000)	(224.369)
样本数	1 249	1 249	1 249	1 249	1 249
地块数	263	263	263	263	263
AR（1）检验p值	0.000	0.000	0.000	0.000	

续表

模型变量	模型（1）系统 GMM	模型（2）系统 GMM	模型（3）系统 GMM	模型（4）系统 GMM	模型（5）固定效应
AR（2）检验 p 值	0.092	0.081	0.077	0.074	
Hansen 检验 p 值	0.091	0.089	0.091	0.101	
R^2					0.218

注：*、**、***分别表示在10%、5%和1%的统计水平上显著，括号内为稳健标准误；AR（2）的零假设为差分后的残差项，不存在二阶序列自相关；Hansen 检验的零假设，为过度识别检验是有效的。

资料来源：笔者根据农产品生产成本与收益调查相关数据，利用 Stata14.0 软件计算整理而得。

4.5　本章小结

本章在梳理农业经营规模内涵的理论基础上，进一步分析其含义与外延，从投入规模和产出规模双重角度对农业经营规模进行系统性衡量，辨析不同要素规模对农户化肥施用的影响机制，利用2004~2016年浙江省水稻种植户的微观面板数据，实证分析农业经营规模化发展对农户化肥施用行为的影响，主要有如下五个结论。

第一，农户的化肥施用行为存在惯性。前期化肥施用强度对其本期的化肥施用强度具有正向作用，表明农户在生产中有一定的化肥施用习惯，其化肥施用行为会受到前期行为的影响，而这一行为习惯也会相对地削弱或增强其他变量对农户化肥施用行为的影响，因此，对农户化学品投入影响的研究需要分离前期投入的影响。

第二，土地规模的扩大会促进技术扩散和释放，从而带来化肥投入的减少。研究结果显示，在分离其他投入规模因素和产出规模因素并考虑前期化肥投入影响的情况下，土地面积规模对化肥施用强度具有显著的负向影响，并且，替换被解释变量后的结果与基准模型一致。这表明，土地面积规模的扩大产生了技术释放效应，从而使得农户采用更有效的施肥方法，提高了施肥效率，减少了化肥的折纯施用量。在分样本的稳健性检验结果中，粳稻的估计结果显示，土地面积规模的扩大会带来化肥施用强度的显著下降，而早籼稻、晚籼稻的估计结果则表明，土地面积规模的改变对农户的化肥施用强度并没有显著影响。这表明，土地面积规模的扩大所带来的技术释放效应，对于不同品种水稻作物的作用效果并不相同。

第三，劳动力投入规模的缩小，会带来化肥替代性投入的增加。研究结果表明，劳动力投入规模对化肥施用强度具有负向影响，这说明劳动力投入规模对化肥施用的替代性作用大于互补性作用，意味着在目前城乡收入差异较大的现实背景下，劳动力价格的上涨导致化肥相对价格的降低，从而激励农户进行要素投入配置的调整，以自身利益最大化为导向的农户可能通过替代性要素（化肥、农药等）的投入和重新配置来应对劳动力资源的不足，以维持现有的农业生产水平。

第四，资本投入规模扩大对化肥投入具有拉动作用。研究结果显示，资本投入规模对化肥施用强度具有正向影响，结合理论分析，这体现了资本投入规模对化肥投入的拉动作用，表明规模化经营的农户在投入更多资本获得更大产出的情况下，往往具有更高的风险规避（偏好）程度，更注重产量下降风险所导致的经济损失。农户的风险规避程度越高，越倾向于施用更多的化肥以避免潜在的产量损失。

第五，农业产出规模扩大具有收入效应。农业产出规模的收入效应会对化肥施用产生不同方向的影响，且根据基准模型的估计结果也不能准确判定农业产出规模的变化对化肥施用情况的影响。在分样本的稳健性检验中，除粳稻的估计结果表明农业产出规模对化肥施用强度具有显著正向作用之外，早籼稻、晚籼稻的估计结果均不能证明农业产出规模对化肥施用强度具有显著影响，其原因可能是农业产出及相应收入的增加所引发的农户环保型行为和投资性行为，对不同品种作物化肥施用的影响程度不同，因此，不同品种水稻的估计结果也存在差异。

第5章 农业经营规模化发展对农药施用影响的实证研究

本章在第4章实证研究的基础上，进一步分析不同要素规模对农户农药施用的影响机制，利用2004～2016年浙江省水稻种植户的微观面板数据，实证分析农业经营规模化发展对农户农药施用行为的影响，从不同投入规模和产出规模的角度研究农业经营规模化发展对农药施用的影响。

5.1 理论分析与研究假设

鉴于农业经营规模化发展是多种投入产出要素共同作用的结果，是基于土地规模扩张的生产要素的重新优化配置，因而不能仅采用单一的投入要素规模或产出要素规模来衡量农业经营规模。因此，本节将分别从投入规模（土地面积规模、劳动力投入规模、资本投入规模）和产出规模双重角度来分析农业经营规模对农药施用的影响，继而为后续的实证研究奠定理论基础。

1. 土地面积规模与农药的施用

农场土地面积规模是影响农药施用强度的重要因素，土地面积的限制往往会在一定程度上阻碍农业生产技术进步（Wu et al.，2018）。有关研究表明，农场土地面积规模是影响农药施用强度的重要因素，并且，大规模经营的农户通常比小农户拥有更高的农药施用效率和更先进的农业生产技术（张宗毅，2011），进而会带来每公顷农用化学品施用量的显著下降（Fan L. et al.，2018；Ren et al.，2019），吴等（Wu et al.，2018）研究发现，农场规模每增加1%，每公顷农药施用量减少0.5%。此外，农场数量减少和规模扩大会在一定程度上减少中国的农业非点源污染（Fan L. et al.，2018），促进绿色无公害农药的施用，从而提升中国农产品的竞争力（张宗毅，2011；郑龙章，2009；张秀玲，2013）。然而，当农地流转制度限制了农场土地规模扩大时，对于以收入最大化为导向的农户而言，会更倾向于增加农药等农用化学品而非耕地或机械资本的投入（Foster and Rosenzweig，2017；Fan L. et al.，2018；魏欣等，2012）。并且，以保护性耕地为目的的土地面积缩减，反而会带来农药施用量和劳动需求量的增加（Teklewold H. et al.，2013）。

2. 劳动力投入规模与农药的施用

劳动力和农药作为农业生产中的投入要素，在农业规模化经营过程中可能存在着一定的替代和互补的作用关系，一方面，农药的施用需要劳动力投入的协助，两者具有互补性作用；另一方面，同作为农业生产的重要投入要素，两者又具有一定替代关系。要素相对价格的变化会引起要素投入结构的重新优化配置（陈书章等，2013），农药与劳动力之间存在显著的替代关系，劳动力投入相对价格的变化会引起稻谷生产要素的结构性调整，进而导致成本结构的变化，因而在劳动力成本上升背景下，农药等化学品的投入依旧是替代劳动力的理性选择（刘英基，2017；张利国等，2020）。随着城镇化进程的加快和农村劳动力红利的消失，劳动力逐渐成为农业生产经营过程中的稀缺要素（孔祥智等，2018）。此外，劳动力向非农工作转移，不仅增加了农业劳动力的机会成本，还为农户带来了更多的非农收入，而兼业带来的部分额外收入通常会以资本要素（农药、化肥等）的形式投入农业生产中，从而会加重中国的农业面源污染问题（Leach and Mearns，1996；杜江和罗珺，2013）。

3. 资本投入规模与农药的施用

随着农业的发展，单一的土地面积规模指标难以全面地衡量农业经营规模的大小（何秀荣，2016），有关资本要素的投入应该被考虑在农业经营规模的衡量要素中（Heady，1971；Bagi and Huang，2010；Hadrich and Olson，2011；Olson and Vu，2009）。农业规模化经营是基于土地面积规模这一基础投入要素的前提下，综合技术水平、生产资源和经济效益的多方面体现（杨明远，1985）。并且，随着城镇化进程的加快和农村劳动力的转移，农业劳动力成本不断上升，资本深化已经成为保证粮食安全的必然选择（李谷成等，2014）。在土地流转制度、人地关系和农村劳动力转移暂时无法改变的情况下，资本深化和技术创新将是现代农业规模化发展的重要动力（胡雯等，2019）。农业资本投入的增加，势必会带来农药等生产资料投入的决策变化和资源的重新优化配置。有关研究表明，与小农户相比，规模化经营的种粮大户会更注重农药、化肥和机械技术的跟进，会将主要资金投入集中于农药、燃油等短期的生产性流动资产（姚增福，2011）。并且，规模化经营的农户在投入更多资本获得更大产出的情况下，往往具有更高的风险规避（偏好）程度，更注重产量下降风险所导致的经济损失。而农户的风险规避程度越高，越倾向于施用更多农药以避免潜在的产量损失（Paudel et al.，2000；仇焕广等，2014）。

4. 农业产出规模与农药的施用

与土地、劳动力和资本等投入要素不同，农业产出规模是基于各种生产要素的结合而形成的，是农业生产能力的综合体现，可以在一定程度上弥补前述指标的片面性和局限性（杨明远，1985）。部分文献发现，粮食产出与农药施用量之间存在长期的依赖关系

（Schreinemachers and Tiprqsa，2012；黄晓丹等，2019；李建平，2018）。有研究表明，在农业生产过程中，农户对于农药在农作物产量及其市场收益上的作用的认知，是影响农户农药用量的主要因素（王常伟和顾海英，2013）。并且，具有较高风险规避程度的农民为了减少农业生产过程中的产量损失，会投入更多种类、更大量的农药（米建伟等，2012），农作物产量是影响农户过量施用农药的重要因素之一（姜健等，2017）。有关研究表明，对于农业产出规模的衡量需要考虑到研究的可比性，对于同一类粮食作物，宜采用较为合适的产量指标，而对于不同类粮食作物，宜采用更具可比性的产值指标（杨明远，1985；石晓平和郎海如，2013）。

综上所述，本章将农业经营规模指标分解为土地面积规模、劳动力投入规模、资本投入规模和产出规模，而这些农业经营规模指标的变化将会通过不同渠道对农业生产中农药施用强度产生影响。基于以上分析，本章提出四个研究假说：（1）在分离劳动、资本等投入的替代作用之后，土地面积规模将会对农药施用强度产生负向的影响；（2）劳动力投入对农药投入的替代性作用将会大于互补性作用，即劳动力投入规模变化将对农药施用强度产生负向的影响；（3）农药施用强度将会随着资本投入规模的扩大而增加；（4）农作物产出的增加对农户的农药施用行为的影响方向，具有一定的不确定性。

5.2 模型设定

本节将在吴等（2018）模型的基础上，构建农业经营规模与农药施用强度关系的动态模型。为分析农业生产土地面积变化对农药施用的影响，吴等（2018）构建了土地面积规模对农药施用强度的影响模型（5-1）：

$$Pesticide_{it} = \alpha_0 + \beta_1 Farmsize_{it} + \sum_k \gamma_k X_{kit} + \sigma_i + \lambda_t + \varepsilon_{it}$$

$$(5-1)$$

在式（5-1）中，$Pesticide_{it}$ 表示农药施用强度；i 表示所调查地块；t 表示调查年份；$Farmsize_{it}$ 表示农场土地面积规模。X_{kit} 表示影响农用化学品使用强度的各种控制变量。β_1 为解释变量的估算系数、γ_k 为各控制变量的估算系数；α_0 为常数项；σ_i 为不随时间变化的个体固定效应；λ_t 为时间固定效应；ε_{it} 为误差项。式（5-1）是一个固定效应模型，用来分析土地面积规模与农药施用强度之间的关系。

考虑到农户的前期农药施用强度可能对本期产生影响，在吴等（2018）的农药施用强度影响模型基础上，本章将农业生产中的投入规模变量和产出规模变量作为地块特征共同纳入农药施用强度影响模型，并在解释变量中加入被解释变量的一阶滞后，建立农业经营规模与农药施用强度关系模型（5-2），以检验农业经营中投入规模和产出规模对农药施用强度的影响。

$$Pesticide_{it} = \alpha_0 + \theta Pesticide_{i(t-1)} + \beta_1 Farmsize_{it} + \beta_2 Labor_{it}$$
$$+ \beta_3 Capital_{it} + \beta_4 Output_{i(t-1)} + \sum_k \gamma_k X_{kit} + \lambda_t + \varepsilon_{it} \quad (5-2)$$

在式（5-2）中，$Pesticide_{i(t-1)}$ 为 $Pesticide_{it}$ 的一阶滞后项。新增变量 $Labor_{it}$ 表示劳动力投入规模；$Capital_{it}$ 表示资本投入规模；$Output_{i(t-1)}$ 表示前期产出规模。β_i 为各解释变量的估算系数、γ_k 为各控制变量的估算系数；λ_t 表示时间固定效应；α_0 为常数项；ε_{it} 为误差项。在式（5-2）中，$Pesticide_{it}$ 的一阶滞后项将存量因素对农药施用强度可能存在的滞后效应纳入模型。农业产出规模 $Output_{i(t-1)}$ 以前期产出表示，一方面，是因为基于前述理论分析，农户前期产出的收入效应可能会对当期的农药施用产生影响；另一方面，也避免了产出与投入（土地、劳动和资本）之间可能存在的多重共线性。

在式（5-2）中，考虑到被解释变量的滞后项作为解释变量与残差项相关，可能存在内生性问题，若使用 OLS 估计模型、固定效应模型或随机效应模型，将无法排除变量可能存在内生性和滞后性等问题（高鸣和陈秋红，2014），从而会得到有偏误的回归系数。因此，为缓解滞后的被解释变量与残差项相关以及残差项中的固定个体特征与解释变量相关导致的内生性问题，本章将采用广义矩估计（GMM）方法（Arellano and Bond，1991；Arellano and Bover，1995）以剔除滞后项和不可观察的面板固定效应相关性的偏差，从而能够有效地控制其他因素的影响，将不可观测的因素控制在固定效应中。为了克服滞后的被解释变量与残差项之间的相关性，以及解决其余解释变量的内生性问题，本章采用被解释变量的滞后项作为工具变量。此外，相较于差分广义矩估计，系统广义矩估计（GMM）将方程的差分系统和水平系统结合在一起，并将两类方程视为一个系统，从而提高了估计的效率和有效性，具有更好的无偏性（干春晖等，2011；Che et al.，2013；向涛和綦勇，2015），因而，本章将主要采用系统 GMM 方法进行模型估计。

5.3 变量说明与描述性分析

根据模型和研究的需要，同时考虑研究数据的可获得性，本章选取了以下被解释变量和解释变量，具体说明如下。

1. 被解释变量

被解释变量为农药施用强度，以每公顷农药施用费用表示。农药施用强度是用调查当年的农作物农药费用除以播种面积计算而得，农药费用按实际购买价格加运杂费计算，政府、企业或他人无偿提供或低价提供的农药，按照正常购买期间当地的市场价格计算得到。

2. 核心解释变量

本章的核心解释变量为农业经营规模。基于前述理论分析，本章将通过投入规模（土地面积规模、劳动力投入规模和资本投入规模）和产出规模两方面衡量农户的农场经营规模。农户的土地面积规模为农作物的耕地种植面积，包含农户自有耕地面积和流转耕地面积，采用对数形式表示。劳动力投入规模为农业生产经营过程中的劳动力投入天数，包括雇工天数和家庭用工天数。其中，雇工天数是指，雇用工人劳动的总小时数按照标准劳动日（8 小时/天）折算的天数；家庭用工天数是指，家庭劳动用工折算成中等劳动力的总劳动小时数按照标准劳动日（8 小时/天）折算的天数。资本投入规模为农业生产过程中的资本性投入，包含各类物质性资本投入、技术类投入和其他直接相关费用。农业产出规模为主要农作物产品的产量，按照实际收获的农作物主要产品的数量计算得到，其中，主要农作物的主产品为粮食作物按照原粮（标准水分）计算。

3. 控制变量

本章的控制变量为影响农药施用强度的其他各类影响因素，主要包含社会经济因素（土地价格、劳动力价格、农户年龄和受教育程度）和政策因素（农业补贴）。土地价格用当地流转地租金或自营地折租表示，流转地租金按照生产者实际支付的土地转包费净额或土地承包费净额计算；自营地折租应主要参照当地土地转包费净额或土地承包费净额计算，反映了自营地投入生产时的机会成本。劳动力价格为农户的家庭劳动日工价，是指每个劳动力从事一个标准劳动日的农业生产劳动的理论报酬，用于核算家庭劳动用工的机会成本。财政补贴是指，每公顷耕地平均得到的农业补贴金额。所有价格变量和费用变量都以 2004 年为基期，根据当年 CPI 剔除通货膨胀后的实际价格和实际费用核算。农户年龄为调查当年农户的年龄。农户教育程度包含未受教育、小学、初中、高中、大专及以上五个级别，分别以 0、1、2、3、4 表示。

上述模型中各变量的描述性统计结果，如表 5 - 1 所示。

表 5 – 1   上述模型中的各变量的描述性统计结果

模型变量	变量单位	均值	标准差
农药施用强度	元/公顷	968. 829	448. 806
土地面积规模	公顷	2. 323	9. 904
劳动力投入规模	天/公顷	76. 366	30. 350
资本投入规模	百元/公顷	81. 520	18. 665
农业产出规模	吨/公顷	6. 841	1. 149
劳动力价格	元/天	40. 489	14. 547
土地成本	百元/公顷	21. 163	12. 033
农业补贴	百元/公顷	13. 404	13. 597
年龄		55. 465	8. 948
教育程度		1. 826	0. 747

资料来源：笔者根据农产品生产成本与收益调查相关数据，利用 Stata14.0 软件计算整理而得。

5.4　实证结果分析

5.4.1　实证结果

本章主要采用系统 GMM 方法对式（5 – 2）进行参数估计，表 5 – 2 中的模型（1）、模型（2）为分别加入不同控制变量后的两阶段系统 GMM 估计模型。作为对比，还采用差分 GMM 方法和固定效应方法对式（5 – 2）进行估计。模型（3）为差分 GMM 回归模型，模型（4）为固定效应估计模型。本章所用统计软件为 Stata 14.0。水稻农业经营规模对农药施用强度影响估计结果，如表 5 – 2 所示。

表 5 – 2   水稻农业经营规模对农药施用强度影响估计结果

模型变量	模型（1）系统 GMM	模型（2）系统 GMM	模型（3）系统 GMM	模型（4）固定效应
农药施用强度滞后项	0. 731 * (0. 423)	0. 714 * (0. 433)	0. 226 (0. 289)	

续表

模型变量	模型（1）系统 GMM	模型（2）系统 GMM	模型（3）系统 GMM	模型（4）固定效应
土地面积规模	-31.622***	-31.719***	-62.469***	-36.980***
	(4.664)	(4.702)	(17.621)	(12.440)
劳动力投入规模	-3.572***	-3.592***	-4.568***	-3.701***
	(0.723)	(0.749)	(0.703)	(0.434)
资本投入规模	11.900***	11.984***	15.927***	13.447***
	(1.866)	(1.891)	(2.090)	(0.813)
农业产出规模滞后项	-13.593	-11.598	-11.683	6.291
	(47.951)	(48.886)	(13.047)	(7.591)
劳动力价格	-6.203***	-6.224***	-9.893***	-4.849***
	(1.165)	(1.194)	(2.945)	(1.676)
土地成本	6.392**	6.481**	4.079***	4.682***
	(2.649)	(2.721)	(1.461)	(1.092)
农业补贴	-0.663	-0.762	-0.344	2.512***
	(2.646)	(2.703)	(0.857)	(0.648)
农户教育程度		-6.415	0.347	3.597
		(9.449)	(23.003)	(19.936)
农户年龄		-0.185	1.658	-4.486*
		(0.715)	(3.159)	(2.476)
年份固定效应	已控制	已控制	已控制	已控制
常数项	101.459	0.000		486.359***
	(184.351)	(0.000)		(149.749)
样本数	4 811	4 811	3 795	4 811
地块数	945	945	743	945
AR（1）检验 p 值	0.018	0.023	0.048	
AR（2）检验 p 值	0.106	0.121	0.585	
Hansen 检验 p 值	0.299	0.288	0.292	
R^2				0.205

注：*、**、*** 分别表示在 10%、5% 和 1% 的水平上显著，括号内为稳健标准误。AR（2）的零假设为差分后的残差项，不存在二阶序列自相关；Hansen 检验的零假设为过度识别检验，是有效的。

资料来源：笔者根据农产品生产成本与收益调查数据，利用 Stata14.0 软件计算整理而得。

表 5 - 2 的相关检验结果显示，模型（1）~ 模型（3）的 Arella-no-Bond 二阶序列相关检验结果均支持回归方程不存在二阶序列相关的假设。这表明，估计值是无偏的和一致的，并且，Hansen 过度识别的检验结果也显示不能拒绝工具变量有效性的零假设。因此，整个模型的设定是合理的，并且，工具变量也是有效的。为方便进行结果说明，后续分析将以模型（2）的估计结果为准，具体分析如下。

本章重点考察土地面积规模、劳动力投入规模、资本投入规模和农业产出规模这四个农业经营规模指标对农药施用强度的影响。从土地面积规模来看，本章在分离其他投入规模因素和产出规模因素并考虑前期农药投入影响的情况下，模型估计的结果（表 5 - 2 中的模型（1）~ 模型（4））均显示土地面积规模对农药施用强度具有显著的负向影响，土地面积规模每增加 1%，农药的施用强度将减少 31.719 个单位，即随着土地面积规模的增加，将可能导致农药施用强度的降低，体现了土地流转带来的规模效益和配置效应，这与大多数学者关于农户土地面积规模对农药施用影响的研究一致。结合前述理论分析，该结果表明，土地面积规模的扩大促进了技术释放效应，使得农户倾向于采用更有效的施药方法，从而提高了施药效率，减少了农药的施用量。

从劳动力投入规模来看，农户的农业劳动力投入规模对农药施用强度具有显著的负向影响，劳动力投入规模每增加一个单位，农药施用强度将减少 3.592 个单位。即农业劳动力投入的增加会在一定程度上降低农药的投入强度，表明劳动力投入规模对农药的替代性作用大于互补性作用。这表明，随着城镇化进程的加快和农村劳动力红利的消失，劳动力逐渐成为农业生产经营过程中的稀缺要素（孔祥智等，2018）。劳动力价格上涨导致农药相对价格降低，从而激励农户进行要素投入配置的调整，以自身利益最大化为导向的农户会通过替代性要素（化肥和农药等）的投入和重新配置来应对劳动力资源的不足，以维持农业生产水平，从而加剧农业的面源污染。

资本投入规模对农药施用强度的影响为正，且估计系数在 1% 的水平上显著，表明资本投入规模每增加一个单位，农药施用强度将增加 11.984 个单位。即随着农场资本投入规模的增加，农户单位种植面积上的农药施用量也会增加，验证了本章的研究假设。这表明，农药作为生产要素的投入，仍然是规模化农户资本投入的一个重要途径。结合前述理论分析，该结果反映出，规模化经营的农户在投入更多资本、获得更大产出的情况下，往往具有更高的风险规避（偏好）程度，更注重产量下降风险带来的经济损失，也更倾向于施用更多农药以避免潜在的产量损失。因而，资本投入规模较大的农户为稳定提高产量、保障资本投入收益，将会加大对农药的施用强度。

从农业产出规模来看，在考虑农户前期施药行为的基础上，农业产出规模滞后项（滞后一期）的回归系数不显著。结合前述理论分析，粮食产出与农药施用量之间存在长期的依赖关系（Schreinemachers and Tiprqsa，2012；黄晓丹等，2019；李建平，2018）。但因为农业产出及相应收入的增加所引发的农户环保型行为和投资性行为对农药施用的影响方向不同，所以，农业产出规模对农药施用强度的影响也难以确定。

表 5 - 2 的估计结果表明，农药施用强度滞后项（滞后一期）估计系数显著为正，表明上一期农药施用强度每增加一个单位，将使得本期农药施用强度增加 0.714 个单位。这说明，前一期农药施用强度对其后期的农药施用强度有显著的正向作用，即农户有一定的农药施用习惯，其施药行为具有一定的行为惯性。

控制变量的估计结果显示，农药的施用强度与农业劳动力价格呈反向变动，并且在 1% 的水平上显著，表明农业劳动力价格每增加一个单位，农药施用强度将减少 6.224 个单位，原因可能是农业劳动力市场价格的提升，导致部分农户选择增加劳动力的投入，从而在一定程度上减少农药的施用强度。农药的施用强度与土地成本同向变动，并且在 5% 的水平上显著，表明土地价格每增加一个单位，农药施用强度将增加 6.481 个单位，可能因为在地价较高的地区，农户为保证粮食产量，避免出现产出风险，所以，会增加农药的施用量。农业补贴、农户年龄和教育程度对农药施用强度的影响均不显著，可能的原因是农户更关注农业生产带来的收益，而对于农业补贴并不敏感，并且，在考虑前期农药投入的情况下，农户的年龄和教育程度的估计系数均不显著，表明年龄和教育程度对农户当期的农药施用量并无显著影响。

5.4.2 稳健性分析

为增强上述结论的可靠性，本章分别采用改变模型设定、改变估计方法、替换被解释变量和分样本估计来进行稳健性检验。

（1）分别在模型中引入价格要素（土地价格和劳动力价格）、农业补贴和农户特征（年龄和受教育程度）控制变量（表5-2中的模型（1）~模型（2））的估计结果显示，各核心变量和控制变量系数方向及显著性基本上未发生改变。

（2）考虑到回归结果是否因估计方法的不同而出现差异，本章对比了差分 GMM 模型和固定效应模型，表5-2中的模型（3）和模型（4）提供了差分 GMM 模型和固定效应模型的估计结果。

（3）为考察不同农药施用强度对模型估计的影响，本章使用替换变量（被解释变量）的方法进一步检验模型的可靠性。该方法也是模型稳健性检验的常用方法之一（陈中飞等，2017；唐云峰等，2017；高晶晶等，2019）。本书选取每公顷农药施用量作为被解释变量农药施用强度的替代指标进行模型估计。表5-3提供了替换被解释变量后对样本总体的系统 GMM 回归结果。

（4）考虑到不同品种的水稻可能会对估计结果产生影响，并且，分样本回归的研究方法在实证研究中被广泛使用（徐丽鹤等，2013；陈中飞等，2017；秦雪征等，2018），因此，本章将总样本分为粳稻、早籼稻、晚籼稻三个子样本，并分别进行计量回归（系统 GMM

模型）分析，以检验模型的稳健性。

表5-3~表5-6的估计结果显示，替换被解释变量、分样本回归和改变估计方法之后，各核心解释变量估计系数符号与显著性基本未发生变化。据以上稳健性分析可得，模型回归结果在整体上是稳健的。

1. 替换被解释变量的稳健性检验

为考察不同农药施用强度代理变量对模型估计的影响，本章使用替换变量（被解释变量）的方法进一步检验模型的可靠性，选取每公顷农药施用量作为被解释变量农药施用强度的替代指标进行模型估计。如表5-3所示，分别采用系统广义矩（GMM）估计模型和固定效应模型进行稳健性检验，模型（1）为仅考虑核心解释变量的两阶段系统 GMM 估计模型。模型（2）~模型（4）为分别加入不同控制变量后的两阶段系统 GMM 估计模型。模型（5）为固定效应估计模型。本章所用统计软件为 Stata14.0。水稻农业经营规模对农药施用强度影响稳健性检验结果，如表5-3所示。

表5-3　　水稻农业经营规模对农药施用强度影响稳健性检验结果

模型变量	模型（1）系统 GMM	模型（2）系统 GMM	模型（3）系统 GMM	模型（4）系统 GMM	模型（5）固定效应
L. 农药施用强度	0.906 **	0.916 **	0.521	0.517	
	(0.400)	(0.415)	(0.383)	(0.378)	
土地面积规模	-0.036 ***	-0.044 ***	-0.048 ***	-0.048 ***	-0.079 ***
	(0.011)	(0.017)	(0.010)	(0.010)	(0.030)
劳动力投入规模	-0.005 **	-0.005 **	-0.007 ***	-0.007 ***	-0.007 ***
	(0.002)	(0.002)	(0.002)	(0.002)	(0.001)
资本投入规模	0.017 ***	0.019 ***	0.024 ***	0.024 ***	0.027 ***
	(0.005)	(0.006)	(0.005)	(0.005)	(0.002)
L. 农业产出规模	-0.059	-0.073	0.036	0.037	-0.003
	(0.137)	(0.129)	(0.105)	(0.104)	(0.018)
劳动力价格		-0.009 ***	-0.007 ***	-0.007 ***	-0.013 ***
		(0.002)	(0.003)	(0.003)	(0.004)
土地成本		0.007	0.013 **	0.013 **	-0.003
		(0.007)	(0.005)	(0.005)	(0.003)

模型变量	模型（1）系统 GMM	模型（2）系统 GMM	模型（3）系统 GMM	模型（4）系统 GMM	模型（5）固定效应
农业补贴			− 0.004	− 0.004	0.018 ***
			(0.006)	(0.006)	(0.002)
教育程度				− 0.007	0.006
				(0.017)	(0.057)
年龄				0.000	− 0.005
				(0.002)	(0.009)
年份固定效应	已控制	已控制	已控制	已控制	已控制
常数项	− 0.833	0.000	− 1.172 *	0.000	1.687 ***
	(0.684)	(0.000)	(0.636)	(0.000)	(0.498)
样本数	4 811	4 811	4 811	4 811	4 811
地块数	945	945	945	945	945
AR（1）检验 p 值	0.005	0.007	0.041	0.039	
AR（2）检验 p 值	0.050	0.053	0.199	0.197	
Hansen 检验 p 值	0.295	0.267	0.750	0.746	
R^2					0.308

注：*、**、*** 分别表示在 10%、5% 和 1% 的水平上显著，括号内为稳健标准误；AR（2）的零假设为差分后的残差项，不存在二阶序列自相关；Hansen 检验的零假设为过度识别检验，是有效的。

资料来源：笔者根据农产品生产成本与收益调查相关数据，利用 Stata14.0 软件计算整理而得。

从表 5 - 3 模型的估计结果来看，Arellano-Bond 二阶序列相关检验结果均表明，估计方程的误差项存在一阶自相关而不存在二阶自相关。这表明，估计值是无偏的和一致的，同时，各模型均通过了检验整体工具变量有效性的 Hansen 过度识别检验，表明模型中的工具变量具备有效性。因此，该估计结果具有统计学意义的可靠性。表 5 - 3 中的模型（1）~模型（4）的估计结果具有一致性，因此，为方便进行说明，后续分析将以模型（4）的估计结果为准，具体分析如下。

表 5 - 3 水稻的稳健性检验结果显示，各核心解释变量的估计系数符号与显著性均未发生变化。从土地面积角度来看，本章在分离

其他投入规模因素和产出规模因素并考虑前期农药投入影响的情况下，系统 GMM 估计的结果（表 5 - 3 中的模型（1）~模型（4））均显示土地面积规模对农药施用强度具有负向影响，并且在 1% 的水平上显著，这与基准模型的估计结果相一致。从劳动力投入角度来看，水稻的劳动力投入规模对其农药施用强度具有负向影响，并且在 1% 的水平上显著，即农业劳动力投入的增加会在一定程度上降低农药的投入强度，表明劳动力投入对农药的替代性作用大于互补性作用，与基准模型的估计结果相一致。从资本投入角度来看，水稻的资本投入规模对其农药施用强度具有正向影响，并且在 1% 的水平上显著，即随着农场单位面积资本投入的增加，农户的农药施用强度将会增加，表明资本投入规模对农药投入的拉动作用，这与基准模型的估计结果相一致。从农业产出角度来看，农业产出规模的滞后项（滞后一期）的回归系数不显著，即粮食产量变化对水稻的农药施用量没有显著的影响，与基准模型的估计结果相一致。模型（4）的估计结果表明，农药施用强度的滞后项（滞后一期）的估计系数显著为正，但加入控制变量后并不显著。控制变量的估计系数显示，农药的施用强度与劳动力价格呈反向变动，并且在 1% 的水平上显著，这与基准模型的估计结果相一致，表明当农业劳动力市场价格提升时，以收入最大化为导向的农户可能会选择增加农业劳动力的投入，从而在一定程度上减少农药的施用强度。农药的施用强度与土地成本同向变动，并且在 5% 的水平上显著，这与基准模型的估计结果相一致，可能是土地成本高的地方农户更加重视农作物产出和收入，为了避免产出风险而增加化肥投入。农业补贴对农药施用强度的影响系数为负但并不显著，农户年龄和教育程度对农药施用强度均无显著影响。

2. 分样本稳健性检验

考虑到不同品种的水稻可能会对估计结果产生影响，并且，分样本回归的研究方法在实证研究中被广泛使用（徐丽鹤等，2013；

陈中飞等，2017；秦雪征等，2018）。本章将总样本分为粳稻、早籼稻和晚籼稻三个子样本，并分别采用系统广义矩估计（GMM）模型和固定效应模型进行稳健性检验，其中，模型（1）均为仅考虑核心解释变量的两阶段系统 GMM 估计模型。模型（2）~模型（4）为分别加入不同控制变量后的两阶段系统 GMM 估计模型。模型（5）为固定效应估计模型。本章所用统计软件为 Stata14.0。各模型估计结果，如表5-4~表5-6所示。

从稳健性检验结果来看，Arellano-Bond 二阶序列相关检验结果均表明估计方程的误差项存在一阶自相关而不存在二阶自相关。这表明，估计值是无偏的和一致的，同时，各模型均通过了检验整体工具变量有效性的 Hansen 过度识别检验，表明模型中的工具变量具备有效性。因此，该估计结果具有统计学意义的可靠性。其中，表5-4~表5-6的模型（1）~模型（4）的估计结果具有一致性，为方便进行说明，后续分析将均以模型（4）的估计结果为准。具体分析如下。

表5-4粳稻农业经营规模对农药施用强度影响的稳健性检验结果显示，各解释变量的估计系数符号与显著性基本未发生变化。具体而言，从土地面积角度来看，在分离其他投入规模因素和产出规模因素并考虑前期农药投入影响的情况下，模型（1）~模型（4）估计的结果均显示土地面积规模对粳稻的农药施用强度具有显著的负向影响，这与基准模型的估计结果相一致，即随着土地面积规模的增加，将可能导致农药施用强度的降低。从劳动力投入角度来看，农户的农业劳动力投入对农药施用强度具有显著的负向影响，即农业劳动力投入的增加会在一定程度上降低农药的投入强度，表明劳动力投入对粳稻农药的替代性作用大于互补性作用，也与基准模型的估计结果相一致。从资本投入角度来看，粳稻的资本投入规模对其农药施用强度的影响为正，且估计系数显著，即随着农场资本投入规模的增加，农户单位种植面积上的农药施用量也会增加。这表明，农药作为生产要素的投入，仍然是规模化农户资本投入的一个重要途径，也与基准模型的估计结果相一致。从农业产出角度来看，

农业产出规模滞后项（滞后一期）的回归系数显著为正，即粳稻粮食产量变化对农药施用量有显著的正向影响，这可能是粳稻作物农业产出及相应收入的增加所引发的农户环保型行为弱于农户投资性行为。表5-4的估计结果还表明，农药施用强度滞后项（滞后一期）的估计系数显著为正，说明粳稻的前一期农药施用强度对其后期的农药施用强度有显著的正向作用，这与基准模型的估计结果相一致。在控制变量的估计结果中，农业补贴对农户的农药施用行为具有显著的负向影响，可能农户的农药施用量在农业补贴之前已经达到较高水平。其余控制变量的估计结果，均与表5-2基准模型的估计结果相一致。

表5-4　　粳稻农业经营规模对农药施用强度影响的稳健性检验结果

模型变量	模型（1）系统 GMM	模型（2）系统 GMM	模型（3）系统 GMM	模型（4）系统 GMM	模型（5）固定效应
L. 农药施用强度	0.218 ***	0.231 ***	0.239 ***	0.239 ***	
	(0.041)	(0.040)	(0.040)	(0.040)	
土地面积规模	-48.211 ***	-56.429 ***	-47.799 ***	-48.698 ***	-64.204 **
	(11.116)	(10.860)	(12.404)	(12.370)	(26.037)
劳动力投入规模	-5.188 ***	-6.348 ***	-6.419 ***	-6.446 ***	-7.693 ***
	(0.770)	(0.764)	(0.762)	(0.767)	(0.871)
资本投入规模	10.801 ***	14.197 ***	14.396 ***	14.374 ***	19.455 ***
	(1.213)	(1.244)	(1.226)	(1.229)	(1.529)
L. 农业产出规模	73.790 ***	56.290 ***	53.624 ***	52.983 ***	38.268 **
	(13.912)	(13.185)	(13.058)	(13.203)	(15.875)
劳动力价格		-14.525 ***	-14.163 ***	-14.108 ***	-11.973 ***
		(2.395)	(2.372)	(2.371)	(3.103)
土地成本		5.866 ***	5.736 ***	5.706 ***	7.207 ***
		(1.267)	(1.256)	(1.264)	(1.477)
农业补贴			-2.873 **	-2.903 **	1.401
			(1.413)	(1.423)	(1.199)
教育程度				6.061	-20.121
				(21.937)	(50.461)
年龄				-0.783	-5.457
				(2.015)	(3.848)

模型变量	模型（1）系统 GMM	模型（2）系统 GMM	模型（3）系统 GMM	模型（4）系统 GMM	模型（5）固定效应
年份固定效应	已控制	已控制	已控制	已控制	已控制
常数项	0.000	202.927	0.000	0.000	705.892 ***
	(0.000)	(161.450)	(0.000)	(0.000)	(260.864)
样本数	1 828	1 828	1 828	1 828	1 828
地块数	329	329	329	329	329
AR（1）检验 p 值	0.000	0.000	0.000	0.000	
AR（2）检验 p 值	0.072	0.095	0.079	0.078	
Hansen 检验 p 值	0.053	0.084	0.088	0.084	
R^2					0.261

注：*、**、*** 分别表示在 10%、5% 和 1% 的水平上显著，括号内为稳健标准误；AR（2）的零假设为差分后的残差项，不存在二阶序列自相关；Hansen 检验的零假设为过度识别检验，是有效的。

资料来源：笔者根据农产品生产成本与收益调查相关数据，利用 Stata14.0 软件计算整理而得。

表 5-5 早籼稻农业经营规模对农药施用强度影响稳健性检验结果显示，各解释变量的估计系数符号与显著性基本未发生变化。具体而言，从土地面积角度来看，在分离其他投入规模因素和产出规模因素并考虑前期农药投入影响的情况下，表 5-5 中的模型（1）~模型（4）的估计结果均显示土地面积规模对早籼稻农药施用强度具有显著的负向影响，这与基准模型的估计结果相一致。从劳动力投入角度来看，农户的农业劳动力投入规模对早籼稻农药施用强度具有显著的负向影响。即农业劳动力投入的增加会在一定程度上降低农药的投入强度，表明劳动力投入对农药的替代性作用大于互补性作用，与基准模型的估计结果相一致。从资本投入角度来看，早籼稻的资本投入规模对其农药施用强度的影响为正，且估计系数显著，即随着农场资本投入规模的增加，农户单位种植面积上的农药施用量也会增加。这表明，农药作为生产要素的投入，仍然是规模化农户资本投入的一个重要途径，与基准模型的估计结果相一致。从农业产出角度来看，在考虑农户前期施药行为的基础上，早籼稻的农

业产出规模滞后项（滞后一期）的回归系数不显著，这与基准模型的估计结果相一致，表明农业产出及相应收入的增加所引发的农户环保型行为和投资性行为对农药施用的影响方向不同，因而农业产出规模对农药施用强度的影响也难以确定。早籼稻的估计结果表明，农药施用强度滞后项（滞后一期）的估计系数显著为正，说明早籼稻的前一期农药施用强度对其后期的农药施用强度有显著的正向作用，即农户有一定的农药施用习惯。控制变量的估计结果显示，土地成本的估计系数为正但并不显著，表明土地成本对农户的农药施用行为没有显著影响。农户年龄对农药施用强度的影响，均显著为负。农业补贴和教育程度对农药施用强度的影响均不显著，可能的原因是农户更关注早籼稻生产带来的收益，而对于农业补贴并不敏感。其余控制变量的估计结果，与表 5 - 2 基准模型的估计结果相一致。

表 5 - 5　　早籼稻农业经营规模对农药施用强度影响稳健性检验结果

模型变量	模型（1）系统 GMM	模型（2）系统 GMM	模型（3）系统 GMM	模型（4）系统 GMM	模型（5）固定效应
L. 农药施用强度	0.244 ***	0.211 ***	0.212 ***	0.207 ***	
	(0.051)	(0.050)	(0.050)	(0.050)	
土地面积规模	- 15.664 **	- 18.310 ***	- 19.295 ***	- 22.488 ***	- 26.893 **
	(6.211)	(5.961)	(6.114)	(6.277)	(12.587)
劳动力投入规模	- 1.859 ***	- 2.473 ***	- 2.458 ***	- 2.469 ***	- 1.896 ***
	(0.328)	(0.340)	(0.334)	(0.334)	(0.481)
资本投入规模	7.159 ***	8.196 ***	8.202 ***	8.315 ***	8.622 ***
	(0.814)	(0.843)	(0.843)	(0.843)	(0.937)
L. 农业产出规模	- 2.561	- 1.288	- 1.297	- 2.069	3.869
	(7.850)	(7.188)	(7.179)	(7.198)	(8.581)
劳动力价格		- 6.884 ***	- 6.925 ***	- 6.516 ***	- 0.911
		(1.169)	(1.187)	(1.221)	(2.093)
土地成本		2.108	2.121	2.166	3.225 **
		(1.509)	(1.501)	(1.477)	(1.499)
农业补贴			0.338	0.308	- 1.415
			(0.804)	(0.806)	(0.907)

模型变量	模型（1）系统 GMM	模型（2）系统 GMM	模型（3）系统 GMM	模型（4）系统 GMM	模型（5）固定效应
教育程度				−1.682	6.803
				(10.340)	(10.783)
年龄				−2.400 **	−4.278 *
				(1.013)	(2.375)
年份固定效应	已控制	已控制	已控制	已控制	已控制
常数项	0.000	0.000	333.363 ***	451.794 ***	246.163
	(0.000)	(0.000)	(112.324)	(131.116)	(160.597)
样本数	1 734	1 734	1 734	1 734	1 734
地块数	353	353	353	353	353
AR（1）检验 p 值	0.000	0.000	0.000	0.000	
AR（2）检验 p 值	0.298	0.501	0.496	0.534	
Hansen 检验 p 值	0.086	0.200	0.199	0.240	
R^2					0.302

注：*、**、*** 分别表示在 10%、5% 和 1% 的水平上显著，括号内为稳健标准误；AR（2）的零假设为差分后的残差项，不存在二阶序列自相关；Hansen 检验的零假设为过度识别检验，是有效的。

资料来源：笔者根据农产品生产成本与收益调查相关数据，利用 Stata14.0 软件计算整理而得。

表 5 −6 晚籼稻农业经营规模对农药施用强度影响稳健性检验结果显示，各解释变量的估计系数符号与显著性基本未发生变化。具体而言，从土地面积角度来看，在分离其他投入规模因素和产出规模因素并考虑前期农药投入影响的情况下，表 5 −6 中的模型（1）～模型（4）的估计结果均显示土地面积规模对晚籼稻农药施用强度具有显著负向影响，这与基准模型的估计结果相一致。从劳动力投入规模来看，农户的农业劳动力投入规模对晚籼稻农药施用强度具有显著负向影响，即农业劳动力投入的增加会在一定程度上降低农药的投入强度，表明劳动力投入对农药的替代性作用大于互补性作用，也与基准模型的估计结果相一致。从资本投入角度来看，其对晚籼稻农药施用强度的影响为正，且估计系数显著，即随着农场资本投入规模的增加，农户单

位种植面积上的农药施用量也会增加。这表明，农药作为生产要素的投入，仍然是规模化农户资本投入的一个重要途径，与基准模型的估计结果相一致。从农业产出角度来看，在考虑农户前期施药行为的基础上，晚籼稻的农业产出规模滞后项（滞后一期）的回归系数不显著，与基准模型的估计结果相一致，表明农业产出及相应收入的增加所引发的农户环保型行为和投资性行为对农药施用的影响方向不同，因而农业产出规模对农药施用强度的影响也难以确定。估计结果表明，晚籼稻农药施用强度滞后项（滞后一期）的估计系数显著为正，说明前一期农药施用强度对其后期的农药施用强度有显著的正向作用，即农户的施药行为具有一定的行为惯性。控制变量的估计结果，与表5-2基准模型的估计结果基本一致。

表5-6　　晚籼稻农业经营规模对农药施用强度影响稳健性检验结果

模型变量	模型（1）系统 GMM	模型（2）系统 GMM	模型（3）系统 GMM	模型（4）系统 GMM	模型（5）固定效应
L. 农药施用强度	0.326 *	0.305 *	0.299 **	0.307 **	
	(0.171)	(0.160)	(0.149)	(0.150)	
土地面积规模	-21.574 ***	-20.285 **	-25.730 ***	-23.243 **	-27.765
	(7.196)	(8.219)	(9.521)	(9.828)	(23.639)
劳动力投入规模	-2.429 ***	-2.724 ***	-2.702 ***	-2.667 ***	-1.518 **
	(0.625)	(0.636)	(0.640)	(0.650)	(0.644)
资本投入规模	11.801 ***	12.675 ***	12.658 ***	12.555 ***	12.034 ***
	(1.305)	(1.363)	(1.355)	(1.343)	(1.328)
L. 农业产出规模	-11.254	-10.309	-9.601	-9.732	-9.800
	(13.551)	(13.858)	(13.329)	(13.247)	(9.598)
劳动力价格		-5.055 **	-4.983 **	-5.417 **	-6.678 *
		(2.324)	(2.329)	(2.272)	(3.495)
土地成本		-3.124	-3.453	-3.376	0.379
		(2.757)	(2.723)	(2.654)	(2.435)
农业补贴			2.537	2.385	2.362
			(1.743)	(1.689)	(2.408)
教育程度				-10.201	19.017
				(20.864)	(31.559)

模型变量	模型（1）系统 GMM	模型（2）系统 GMM	模型（3）系统 GMM	模型（4）系统 GMM	模型（5）固定效应
年龄				1.737	−10.623***
				（1.879）	（3.585）
年份固定效应	已控制	已控制	已控制	已控制	已控制
常数项	−317.262**	5.823	−16.010	0.000	862.687***
	（158.106）	（194.347）	（194.649）	（0.000）	（224.369）
样本数	1 249	1 249	1 249	1 249	1 249
地块数	263	263	263	263	263
AR（1）检验 p 值	0.000	0.000	0.000	0.000	
AR（2）检验 p 值	0.092	0.081	0.077	0.074	
Hansen 检验 p 值	0.091	0.089	0.091	0.101	
R^2					0.218

注：*、**、*** 分别表示在 10%、5% 和 1% 的水平上显著，括号内为稳健标准误；AR（2）的零假设为差分后的残差项，不存在二阶序列自相关；Hansen 检验的零假设为过度识别检验，是有效的。

资料来源：笔者根据农产品生产成本与收益调查相关数据，利用 Stata14.0 软件计算整理而得。

5.5　本章小结

本章在第 4 章实证研究的基础上，进一步分析农业经营规模化发展对农户农药施用行为的影响，得出以下五点研究结论。

第一，农户的化学品施用行为均存在惯性。研究结果均显示，前一期的化肥（农药）施用强度对本期具有正向影响，表明农户的化学品施用行为具有一定惯性，其化学品施用行为会受到前期行为的影响，而这一行为习惯也会相对地削弱或增强其他变量对农户化学品施用行为的影响，因此，农户化学品施用行为的研究需要考虑其前期投入的影响。

第二，土地规模的扩大，会促进技术扩散，从而带来化学品投入的减少，并且，对农药施用量的影响更具一致性。本章研究结果显示，在分离其他投入规模因素和产出规模因素并考虑前期农药投入影响的情况下，土地面积规模对农药施用强度均具有显著的负向影响，并且，替换被解释变量和分样本的结果均与基准模型一致。在第4章农业经营规模化发展对化肥施用影响的实证研究中，土地面积规模扩大所带来的技术释放效应，对于不同品种水稻作物的作用效果并不相同。因此，土地面积规模扩大带来的技术释放效应，对农药施用量的影响更具一致性和稳健性。

第三，劳动力投入规模变小，会带来化学品投入替代性增加。研究结果均显示，劳动力投入规模对化学品（化肥和农药）的施用强度具有负向影响。这说明，劳动力投入规模对化学品施用的替代性作用大于互补性作用，表明随着城镇化进程的加快和农村劳动力红利的消失，劳动力逐渐成为农业生产经营过程中的稀缺要素，劳动力价格上涨导致化学品相对价格降低，并激励农户进行要素投入配置的调整，以自身利益最大化为导向的农户可能通过替代性要素（化肥、农药等）的投入和重新配置来应对劳动力资源的不足，以维持现有的农业生产水平。

第四，资本投入规模扩大，对化学品投入具有拉动作用。研究结果显示，资本投入规模对化学品（化肥和农药）施用强度具有正向影响，结合理论分析，这体现了资本投入规模对化学品投入的拉动作用，表明规模化经营的农户在投入更多资本、获得更大产出的情况下，往往具有更高的风险规避（偏好）程度，更注重产量下降风险所导致的经济损失。农户的风险规避程度越高，越倾向于施用更多的化学品（化肥和农药）以避免潜在的产量损失。

第五，农业产出规模扩大具有收入效应。农业产出及相应收入的增加所引发的农户环保型行为和投资性行为，对不同品种农作物化学品施用的影响程度存在差异。对比分析实证结果，虽然总样本水稻的估计结果均无法确定前一期农业产出规模对化学品（化肥和农药）投入量的影响，但粳稻作物的估计结果均显示，农业产出规模对农用化学品具有显著的正向影响。这表明，粳稻作物农业产出及相应收入的增加所引发的农户环保型行为，弱于农户的生产投资性行为。

第6章 中国农业生产环境效率评估

本章在农业可持续发展理论和物质平衡理论分析的基础上，分别构建基于碳排放的农业生产环境效率模型与基于氮磷盈余的农业生产环境效率模型。在省级层面，利用2001～2016年的粮食投入产出数据，在农户层面，利用2004～2016年的粮食投入产出数据，分别测算基于碳排放的农业生产环境效率与基于氮磷平衡的农业生产环境效率，对中国农业生产环境效率进行多层次的评估分析。

6.1 理论分析

为整合、分析农业经济发展与农业生态环境之间的关系，很多文献在农业技术效率变化研究的基础上，将环境变量引入传统的生产函数中，采用调整的技术效率变化指标获得农业生产环境效率，并采用农业生产环境效率指标考察和评价农业的可持续发展（Marchand and Guo，2014）。在环境效率测算上，环境调整的农业生产率评估方法得到了比较普遍的应用（Lauwers，2009）。环境调整的农业生产率评估方法采用生产前沿方法来分析投入和产出之间的关系，其在分析环境污染时有两种模式：一是在传统距离函数基础上，把污染物质看作对环境有害的投入（"坏的投入"），二是在方向性距离函数的基础上，把环境污染物质看作"坏的产出"（或非期望产出）

（蔡雨君，2015）；然后，通过投入导向、产出导向或方向距离函数来估计技术效率，并将其看作环境效率（Reinhard et al.，2002；Färe et al.，2010）。在具体数学方法运用上，数据包络分析（DEA）方法无须设定具体的生产函数，可用于包含多项投入与多项产出的生产过程的环境效率评估，该方法已经普遍应用于包含非期望产出的农业生产环境效率研究（Picazo-Tadeo et al.，2011；Bonfiglio et al.，2017）。

6.2　评估方法

本章采用 SBM 模型来测量考虑了环境非期望产出的农业生产环境效率。借鉴费等（Färe et al.，2007），省级层面将中国的 31 个省区市分别作为一个决策单元（DMU），农户层面以水稻种植地块（DMU）作为研究对象。

构建一个同时包含期望产出与非期望产出的生产可能性集合，称之为环境生产技术。假设农业生产系统有 N 个 DMU（DMU_n，$n = 1，2，\cdots，N$），每个 DMU 利用 m 种投入（$x \in R^M$），生产出 s_1 种期望产出（$y^g \in R^{S_1}$）和 s_2 种非期望产出（$y^b \in R^{S_2}$），则环境生产技术[①]可以表示为：

$$P = \{(x, y^g, y^b) \mid x_m \geqslant X\lambda；y_{s_1}^g \leqslant Y^g\lambda；y_{s_2}^b \geqslant Y^b\lambda\}$$

$$(m = 1,2,\cdots,M；s_1 = 1,2,\cdots,S_1；$$

$$s_2 = 1,2,\cdots,S_2；\lambda \geqslant 0) \qquad (6-1)$$

---

① 根据费等（Färe et al.，2007）的研究，事先已经假定 P 满足生产理论的标准公理，即在环境生产技术中产出集是闭合的，有限的投入只能生产出有限的产出，同时，P 中的投入变量和期望产出满足强可处置性或自由可处置性（strongly or freely disposable）。除了这两个假定之外，还需要对环境生产技术做出两个重要假设：一是弱可处置性（weak disposable），是指所有期望产出与非期望产出的增加、减少必须是同时成比例变化的，即如果（x，y^g，y^b）$\in P$，且存在 $0 \leqslant \theta \leqslant 1$，则（$x$，$\theta y^g$，$\theta y^b$）$\in P$；二是零结合性（null-jointness），即如果满足（x，y^g，y^b）且 $y^b = 0$，那么，$y^g = 0$。

借鉴托恩（Tone，2001）、福山和韦伯（Fukuyama and Weber，2009）的做法，本书采用投入产出数据均为正值的假设。

在式（6-1）中，定义矩阵 X、Y^g 和 Y^b 分别为 $X = [x_1, \cdots, x_n] \in R^{m \times n}$、$Y^g = [y_1^g, \cdots, y_n^g] \in R^{S_1 \times n}$、$Y^b = [y_1^b, \cdots, y_n^b] \in R^{S_2 \times n}$，假定 $X > 0$，$Y^g > 0$ 且 $Y^b > 0$；$\lambda \geqslant 0$ 的约束条件，表示环境生产技术满足不变规模报酬假设（CRS）。

在实践中，"坏的投入"和"坏的产出"具有非市场性质，没有有效的价格等信息，造成污染数据可得性的限制以及污染影响的有偏估计，这些因素都降低了其环境效率估计的准确性（崔晓和张屹山，2014）。在基于碳排放的农业生产环境效率评估中，农业碳排放量受多种因素的影响，直接监测与测算农业碳排放量是相当困难的。目前，学术界尚未有权威、可操作、可推广的体系和机制来直接测算农业碳排放量，通常是借鉴相关研究已采取的方法来间接计算，简化得到碳排放系数。其基本测算原理是，运用各农业碳排放源的排放量乘以其相对应的碳排放系数，并将多种碳排放源的碳排放量进行加总，进而得到农业碳排放总量，这种测量方法是相对最为简单的。在基于氮磷平衡的农业生产环境效率评估中，运用物质平衡法进行环境效率测算时，只需要知道投入要素的实际投入数量，而不需要知道投入要素的价格，减少投入要素价格变化对最终测算结果的影响。

6.3 基于碳排放的农业生产环境效率的评估

本节将采用 DEA-SBM 方法，分别从省级层面和农户层面，对中国农业生产环境效率进行测算，以固定系数来衡量环境非期望产出（碳排放量）的农业生产环境效率。

6.3.1 模型构建

目前，大多学者基于数据包络分析（DEA）方法，采用托恩

（Tone，2004）提出的非径向、非角度 SBM（slack-based measure）模型，对农业生产环境效率进行测量。该模型充分考虑了投入、产出的松弛性问题，其度量的农业生产环境效率值也更加准确，更符合生产实际，应用也更为普遍。本章以固定系数来衡量环境非期望产出（碳排放量）的农业生产环境效率。根据托恩（2001）的研究，农业生产环境效率（ρ）可表达为：

$$\rho = \min \frac{1 - \dfrac{1}{m}\displaystyle\sum_{i=1}^{m}\dfrac{s_i^-}{x_{i_0}}}{1 + \dfrac{1}{s_1 + s_2}\left(\displaystyle\sum_{r=1}^{s_1}\dfrac{s_r^g}{y_{r_0}^g} + \displaystyle\sum_{r=1}^{s_2}\dfrac{s_r^b}{y_{r_0}^b}\right)} \tag{6-2}$$

$$\text{s. t. } x_0 = X\lambda + s^- \tag{6-3}$$

$$y_0^g = Y^g\lambda - s^g \tag{6-4}$$

$$y_0^b = Y^b\lambda + s^b \tag{6-5}$$

$$s^- \geqslant 0, s^g \geqslant 0, s^b \geqslant 0, \lambda \geqslant 0 \tag{6-6}$$

在式（6-2）~式（6-6）中，m、s_1、s_2 分别表示投入个数、期望产出个数和环境污染非期望产出个数；s^-、s^b 分别表示投入和非期望产出的冗余，而 s^g 表示期望产出的不足；r 表示第 r 个 DMU，r_0 表示待求的 DMU；ρ 表示要计算的农业生产环境效率值，关于 s^-、s^g 和 s^b 严格递减，并且，$0 < \rho \leqslant 1$。当且仅当，$\rho = 1$，即 $s^- = 0$、$s^g = 0$、$s^b = 0$ 时，生产单元才是有效率的，当 $\rho < 1$，即 s^-、s^g 和 s^b 三者中至少有一个不为 0 时，表示生产单元无效，此时，存在对投入产出进行优化的必要。

6.3.2　变量说明与描述性分析

1. 省级层面

省级层面使用的数据为 2001~2016 年中国的 31 个省区市有关粮食生产投入和产出的面板数据，为保证与狭义农业产出统计口径一致，各投入要素变量均根据相应公式进行了计算：农业生产总值由种植业生产总值与粮食播种面积之比得到，且考虑了通货膨胀的影响。投入要素变量中劳动力、农药、化肥、机械动力、农用柴油投入数据，分别由种植业的从业人员数、农药施用量、化肥折纯量、农业机械总动力及农用柴油使用量与粮食播种面积之比计算得到。另外，因为统计资料中只有广义农业，即农林牧渔业的从业人员数、农药施用量、化肥折纯量、农用柴油使用量和机械总动力投入的数据统计，所以，本节通过将各指标变量与种植业总产值在广义农业总产值中所占比例相乘，得到相应指标的种植业数据（见表6-1）。

农作物播种面积是指，本年度内收获农产品的农作物播种面积之和，包括实际播种面积或移植有农作物面积。凡是实际种植有农作物面积，无论种植在耕地上还是种植在非耕地上，均包括在农作物播种面积中。

劳动力总量为第一产业从业人员×（种植农业总产值/农林牧渔总产值），其数据来源于《中国农村统计年鉴》。

化肥施用量是指，本年内实际用于农业生产的化肥数量，包括氮肥、磷肥、钾肥和复合肥。化肥施用量要求按折纯量计算数量。折纯量是指，把氮肥、磷肥和钾肥分别按其中的氮、五氧化二磷或氧化钾的含量折算后的数量。复合肥按照其所含主要成分折算，公式为：折纯量＝实物量×某种化肥有效成分含量的百分比，数据来源于《中国农村统计年鉴》。

农药是指，用来防治农林牧业生产的有害生物（害虫、害螨、线虫、病原菌、杂草及鼠类）和调节植物生长的化学药品，此外，还包括改善有效成分物理性状、化学性状的各种助剂，数据来源于《中国农村统计年鉴》。

柴油是指，用于拖拉机和排灌柴油机的柴油。目前，中国农业生产中机械作业大多以柴油发动机作为动力源，各类农作物机械作业强度的差异导致了柴油消耗量的差异，数据来源于《中国农村统计年鉴》。

农膜是指，地面覆盖薄膜，通常是透明聚乙烯薄膜或黑色聚乙烯薄膜，也有绿色薄膜、银色薄膜，用于地面覆盖，以提高土壤温度，保持土壤水分，维持土壤结构，防止害虫侵袭农作物及某些微生物引起的病害等，促进植物生长的功能，数据来源于《中国农村统计年鉴》。

农业机械使用量是指，用于农、林、牧、渔业生产的各种动力机械的动力之和，包括耕作机械、农用排灌机械、收割机械、植保机械、林业机械、渔业机械、农产品加工机械、农用运输机械、其他农用机械，数据来源于《中国农村统计年鉴》。

农林牧渔总产值是指，按农、林、牧、渔业产品及其副产品的产量分别乘以各自单位产品价格求得；少数生产周期较长、当年没有产品或产品产量不易统计的，则采用间接方法估算其产值；然后，将四业产值及农林牧渔服务业产值相加即为农林牧渔总产值，其数据来源于《中国农村统计年鉴》。种植农业总产值，即来源于农林牧渔总产值的农业部分。

农业生产的碳排放总量由化肥、农药碳源引起的碳排放量汇总得到，其计算公式为：$C = F \times \zeta + w \times \gamma$。式中：$C$ 表示化肥碳排放量（单位：千克/公顷）；F 表示化肥使用量（单位：千克/公顷）；ζ 表示化肥的碳排放系数；w 表示农药使用量（单位：千克/公顷），γ 表示农药的碳排放系数；借鉴碳排放系数的相关研究确定如下，化肥的碳排放系数为 0.895 6，农药的碳排放系数是 4.934 1，农膜的碳排放系数是 5.1800（李波等，2011）。

上述模型中，各变量的农业生产投入产出描述性分析统计结果，见表 6 - 1。

2. 农户层面

本节将化肥投入、农药投入、劳动力投入、土地等其他资本投入要素作为投入变量，产出变量包括期望产出和非期望产出。化肥投入

表6-1　农业生产投入产出描述性分析统计结果

变量名称	变量单位	全国		东部地区		中部地区		西部地区	
		均值	标准差	均值	标准差	均值	标准差	均值	标准差
农作物播种面积	千公顷	5 124.08	3 594.54	3 892.49	3 547.75	8 051.49	3 263.04	4 301.43	2 655.69
劳动力总量	千人	2 434.11	2 070.49	1 812.20	1 829.32	3 414.02	2 500.89	2 350.93	1 696.60
柴油使用量	千吨	302.86	322.33	438.90	460.00	294.37	182.64	183.82	147.88
化肥施用量	千吨	1 695.72	1 387.92	1 613.12	1 465.72	2 560.23	1 544.08	1 195.10	824.37
农药施用量	千吨	46.36	38.69	48.53	40.15	77.51	33.69	23.60	21.70
农膜施用量	千吨	66.58	63.58	76.29	85.16	68.18	30.64	56.61	54.93
农业总产值	百万元	80 392.00	68 842.00	89 037.09	79 236.65	104 281.00	68 554.00	56 541.10	48 804.09
碳排放总量	千吨	754.64	608.50	896.22	812.07	862.19	451.61	519.71	416.77

资料来源：笔者根据历年《中国农村统计年鉴》的相关数据，利用 Stata14.0 计算整理而得。

为本年度内实际用于农业生产的化学肥料折纯量（单位：千克）。各类化学肥料的实际施用量按其含氮、五氧化二磷和氧化钾的比例折算。农药投入是指，用来防治农林牧业生产的有害生物（害虫、害螨、线虫、病原菌、杂草及鼠类）和调节植物生长的化学药品，以及改善有效成分物理性状、化学性状的各种助剂等农药用量（单位：千克）。劳动力投入是指，该地块的总用工天数（单位：天），包括雇工天数与家庭用工天数。其他资本投入（单位：元）是指，除化肥、农药外的资本投入，包括机械作业费、土地成本和其他费用（排灌费用、蓄力费用、燃料动力费用、技术服务费用、工具材料费用、修理维护费用和固定资产折旧费用等）。

期望产出用农作物产出表示，采用农作物产值指标，具体是指，生产者通过各种渠道出售主产品所得收入和留存的主产品可能得到的收入之和，其中，出售的主产品按实际出售收入计算，留存的主产品按已出售产品的综合平均价格和留存数量计算其产值。非期望产出在农业生产过程中必然会出现一定"有害"产出，在综合了国内外相关文献研究的基础上，借鉴李波等（2011）的碳排放测算方法，农业生产的碳排放总量由化肥、农药碳源引起的碳排放量汇总得到，其计算公式为：$C = F \times \zeta + w \times \gamma$。式中：$C$ 表示化肥碳排放量；F 表示化肥使用量；ζ 表示化肥的碳排放系数；w 表示农药使用量，γ 表示农药的碳排放系数。碳排放系数根据李波等（2011）确定如下，化肥的碳排放系数为 0.895 6，农药的碳排放系数是 4.934 1。

以浙江省水稻生产作为调查对象，从 2004 年 301 个地块（其中，粳稻 129 个、早籼稻 95 个、晚籼稻 77 个）到 2016 年 515 个地块（其中，粳稻 191 个、早籼稻 181 个、晚籼稻 143 个）；总样本数量 6 095 个，（其中，粳稻 2 247 个、早籼稻 2 232 个、晚籼稻 1 616 个）。上述模型中，农业生产投入产出描述性分析统计结果，如表 6 - 2所示。

表 6 – 2　　　　　　农业生产投入产出描述性分析统计结果

变量名称	变量单位	总体		粳稻		早籼稻		晚籼稻	
		均值	标准差	均值	标准差	均值	标准差	均值	标准差
粮食产值	百元/hm²	134.95	34.56	154.29	32.91	112.43	21.58	139.15	33.43
化肥投入强度	千克/hm²	312.63	82.76	339.70	886.90	288.13	73.54	308.83	77.54
农药投入强度	千克/hm²	31.95	16.32	43.27	17.18	20.85	8.17	31.54	12.38
总用工天数	天/hm²	76.58	30.42	76.76	27.58	71.78	32.31	82.97	31.30
其他资本投入	百元/hm²	45.40	16.01	49.04	17.38	43.27	14.58	43.26	14.98
碳排放	千克/公顷	29.523	7.875	34.525	7.806	25.001	5.724	28.815	6.361

资料来源：笔者根据《中国农村统计年鉴》的相关数据，利用 Stata14.0 软件计算整理而得。

6.3.3　实证评估

1. 省级层面

本章基于研究构建的 SBM-EE 模型，采用 Max-DEA 7.0 软件，测算得到 2001～2016 年中国的 31 个省区市农业生产环境效率均值（详见附表 1）。以附表 1 测得的 2001～2016 年中国的 31 个省区市农业生产环境效率均值为依据，对中国农业生产环境效率进行分区域分析。非期望产出的非径向角度测量出的中国农业生产环境效率值在 2001～2016 年观测期内的效率值等于 1 时，表示该地区处于效率前沿，其农业生产环境效率值较高，投入和非期望产出相对较少，期望产出较多，处于生产的最佳状态。相反，在观测期内测算出的农业生产环境效率值越低，表示与 16 年间效率较高的城市相比，投入与非期望产出较多，期望产出较少，农业生产环境效率值处于较低水平。

中国东中西部三大区域及全国农业生产环境效率见图 6 – 1，中国农业生产环境效率区域发展并不均衡，整体波动幅度稳中有升。2001～2016 年中国的 31 个省区市的年平均农业生产环境效率值为 0.57，农业环境效率值最低的年份为 2001 年（0.40），农业环境效率值最高的年份为 2016 年（0.85）。在 2004 年时，东部地区的农业生产环境效率出现了小幅上升。

从图 6－1 和图 6－2 可知，东部地区的农业生产环境效率年均值为 0.65，远高于全国平均水平，东部地区农业生产环境效率年均值最高的省市为上海，其农业生产环境效率年均值为 0.92，农业生产环境效率年均值最低的省份为河北，其农业生产环境效率年均值为 0.47。中部地区和西部地区均低于全国农业生产环境效率均值，但中西部地区的总体趋势仍然稳中有升。其中，中部地区的农业生产环境效率年均值为 0.48，低于全国平均水平，中部地区农业生产环境效率年均值最高的省份为湖南，其农业生产环境效率年均值为 0.57，农业生产环境效率年均值最低的省份为山西，其农业生产环境效率年均值为 0.33。西部地区的农业生产环境效率年均值为 0.55，低于全国平均水平，西部地区农业生产环境效率年均值最高的为西藏，其农业生产环境效率年均值为 0.95，农业生产环境效率年均值最低的为甘肃，其农业生产环境效率年均值为 0.31。

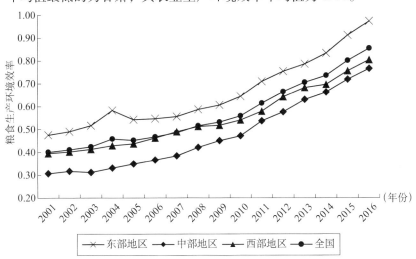

图 6－1　中国东中西部三大区域及全国农业生产环境效率

资料来源：笔者根据《中国农村统计年鉴》的相关数据，利用 Max-DEA7.0 软件计算整理绘制而得。

综上可以看出，地区之间不同程度的农业生产环境污染已经对中国的环境效率产生了不同影响，加强农业环境保护、采取积极的农业环境发展政策等成为现阶段中国经济发展过程中的关键之一，而对各地区开展农业生产环境效率评估是改善农业环境污染的基础，找到农业生产环境效率的影响因素至关重要。

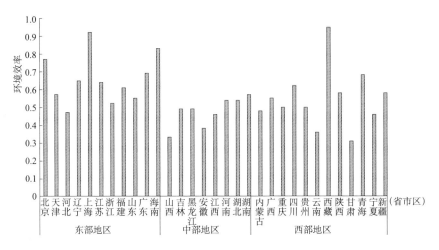

图6-2　中国的31个省区市农业生产环境效率年均值

资料来源：笔者根据《中国农村统计年鉴》的相关数据，利用 Max-DEA7.0 软件计算整理绘制而得。

2. 农户层面

本节基于 SBM 模型，采用 Max-DEA 7.0 软件，测算得到基于碳排放的 2004～2016 年浙江省水稻种植地块层面的农业生产环境效率值。

从 2004～2016 年浙江省农户层面基于碳排放为非期望产出的总体情况来看，浙江省水稻生产环境效率在 0.278～1.000 区间，平均农业生产环境效率为 0.542。粳稻生产环境效率在 0.278～1.000 区间，平均农业生产环境效率为 0.523。早籼稻生产环境效率在 0.304～1.000 区间，平均农业生产环境效率为 0.557。晚籼稻生产环境效率在 0.307～1.000 区间，平均农业生产环境效率为 0.549。这表明，以碳排放为非期望产出的浙江省水稻作物总体及各品种的农业生产环境效率整体水平较低，还有较大提升空间。

从时间变化特征来看，2004～2016年浙江省水稻（包括粳稻、早籼稻和晚籼稻三个品种）种植的农业生产环境效率历年平均值，水稻总体生产环境效率及各品种水稻生产环境效率均处于波动之中，其中，2010年之前，早籼稻生产环境效率值一直高于粳稻和晚籼稻，2010年之后，晚籼稻生产环境效率值高于早籼稻与粳稻。

2004～2016年浙江省水稻生产环境效率年度变化，见图6－3。

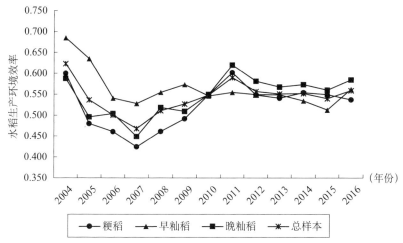

图6－3 2004～2016年浙江省水稻生产环境效率年度变化

资料来源：笔者根据《中国农村统计年鉴》的相关数据，利用Max-DEA7.0软件计算整理绘制而得。

6.4 基于氮磷物质平衡的农业生产环境效率评估

本节将根据农业生产中有多种营养物质投入及多种"非合意产出"的投入产出特点，将物质平衡原则引入SBM模型中，构建符合MBP并考虑"非合意产出"的非径向SBM方法的农业生产环境效率评估模型，进而对基于氮磷物质平衡下的农户层面的农业生产环境效率进行衡量和测算。

6.4.1 模型构建

因为非期望产出（污染）数据在实践中难以获得，且其评估方法（采用固定系数来处理污染物）可能会导致效率测算的偏误（张屹山和崔晓，2014），所以，科利等（Coelli et al., 2007）提出了基于物质平衡原则的农业生产环境效率模型，将生产过程中产生的污染物质看作物质平衡，即投入生产的原材料转化成为合意的产出和不合意的污染物。在 SBM 模型基础上，采用物质平衡法来测算农业生产环境效率，将能充分考虑农业生产中污染物产生和处置中的复杂性，并克服农业污染数据的不可得性。因而，本章将根据农业生产中有多种营养物质投入及多种"非合意产出"的投入产出特点，将物质平衡原则（MBP）引入 SBM 模型中，在科利等（Coelli et al., 2007）模型与费尔和格罗斯科普夫（Färe and Grosskopf, 2010a, 2010b）模型的基础上，构建符合 MBP 并考虑"非合意产出"的非径向 SBM 方法的农业生产环境效率评估模型（简称 MBP-SBM-EE 模型），具体模型如下：

$$\rho^* = min \frac{1 - \frac{1}{n} \sum_{i=1}^{n} \frac{s_n^-}{x_n}}{1 + \frac{1}{s_1 + s_2}\left(\sum_{r=1}^{s_1} \frac{s_r^{d+}}{y_r} + \sum_{r=1}^{s_2} \frac{s_p^{u+}}{b_r}\right)} \quad (6-7)$$

$$s.t. \ x_0 = x\lambda + s^- \quad (6-8)$$

$$y_0 = y\lambda - s^y \quad (6-9)$$

$$b_0 = b\lambda + s^b \quad (6-10)$$

$$b_r = \sum_{j=1}^{J} b_r^{in} - \sum_{p=1}^{P} b_r^{out} \quad (6-11)$$

$$s^- \geq 0, s^y \geq 0, s^b \geq 0, \forall \ I \quad (6-12)$$

在式（6-7）~式（6-12）中，ρ 是各个决策单元的农业生产环境效率值；目标函数值 ρ 的区间为 [0, 1]；x、y 和 b 分别表示农业生产中的投入要素、期望产出和非期望产出；s 表示投入要素、期望产出和非期望产出的松弛变量，s_n^-、s_r^{d+} 和 s_p^{u+} 分别对应 n 种投入要素、r 种期望产出和 p 种非期望产出的松弛值；λ 是权重向量，通过 $\dfrac{s_n^-}{x_n}$、$\dfrac{s_r^{d+}}{y_r}$ 和 $\dfrac{s_p^{u+}}{b_r}$ 计算决策单元的冗余程度，进而计算决策单元的农业生产环境效率。b_r、b_r^{in} 和 b_r^{out} 分别表示氮或磷的盈余、氮或磷的输入及氮或磷的输出。约束式（6-8）、约束式（6-9）和约束式（6-10）来自 SBM-DEA 模型。约束式（6-11）表明，将 MBP 引入 SBM-DEA 模型。氮磷的物质平衡关系以约束的形式加入 DEA 模型，可以具体表明氮盈余和磷盈余的度量方法。式（6-11）反映了氮和磷的物质流向，并将氮盈余和磷盈余作为"非期望产出"。

6.4.2 变量说明与描述性分析

上述模型中，各变量的农业生产投入产出描述性分析统计结果，如表6-3所示。

表6-3 农业生产投入产出描述性分析统计结果

变量名称	变量单位	总体		粳稻		早籼稻		晚籼稻	
		均值	标准差	均值	标准差	均值	标准差	均值	标准差
粮食产值	百元/hm²	13.95	34.56	154.29	32.91	112.43	21.58	139.15	33.43
化肥投入强度	千克/hm²	312.63	82.76	339.70	886.90	288.13	73.54	308.83	77.54
农药投入强度	千克/hm²	31.95	16.32	43.27	17.18	20.85	8.17	31.54	12.38
总用工天数	天/hm²	76.58	30.42	76.58	27.58	71.78	32.31	82.97	31.30
其他资本投入	百元/hm²	45.40	16.04	49.04	17.38	43.27	14.58	43.26	14.98
氮盈余	千克/hm²	3.364	3.762	4.978	4.026	2.939	3.089	1.709	3.327
磷盈余	千克/hm²	-0.150	0.925	-0.590	0.861	0.193	0.866	-0.012	0.842

资料来源：笔者根据《中国农村统计年鉴》，利用 Max-DEA7.0 软件计算整理而得。

本节将化肥投入、农药投入、劳动力投入、土地等其他资本投入要素作为投入变量，产出变量包括期望产出和非期望产出。农户投入数据与基于碳排放的农业生产环境效率评估数据相同。

期望产出用农作物产出表示，采用农作物产值指标，具体是指，生产者通过各种渠道出售主产品所得收入和留存的主产品可能得到的收入之和。其中，出售的主产品按实际出售收入计算，留存的主产品按已出售产品的综合平均价格和留存数量计算其产值。非期望产出在农业生产过程中必然会出现一定"有害"产出，此部分采用氮盈余量和磷盈余量来衡量。氮磷盈余量采用地块层面养分平衡法计算（Kopinski et al.，2006）。氮盈余是指，特定地块范围内的氮输入与氮输出之差。农作物系统内氮输入包括化肥输入、氮生物固氮和氮种子输入，氮输出包括作物养分输出、土壤氮保留与氮挥发。磷盈余是指，特定地块范围内的磷输入与磷输出之差。磷输入包括化肥磷输入与种子磷输入，磷输出主要为农作物磷养分消耗、土壤磷保留和磷流失。

6.4.3　实证评估

本章所构建的 MBP-SBM-EE 模型，采用 Max-DEA 7.0 软件，测算得到基于氮磷物质平衡的 2004～2016 年浙江省水稻种植农户层面的农业生产环境效率值。

模型测算结果显示，从 2004～2016 年度农户层面水稻生产环境效率情况来看，浙江省水稻生产环境效率在 0.278～1.000 区间，平均农业生产环境效率为 0.557。粳稻生产环境效率在 0.278～1.000 区间，平均农业生产环境效率为 0.547。早籼稻生产环境效率在 0.304～1.000 区间，平均农业生产环境效率为 0.565。晚籼稻生产环境效率在 0.307～1.000 区间，平均农业生产环境效率为 0.560。这表明，浙江省水稻作物总体及各品种农业生产环境效率整体水平较低，还有较大提升空间。

从时间变化的特征来看，2004～2016 年浙江省水稻（包括粳稻、早籼稻和晚籼稻三个品种）生产环境效率年度变化，如图 6-4 所示。水稻总体生产环境效率及各品种水稻生产环境效率均处于波动之中，2010 年之前粳稻生产环境效率值一直高于早籼稻和晚籼稻，

2010 年之后晚籼稻生产环境效率值高于早籼稻与粳稻。

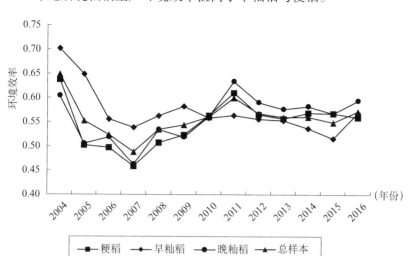

图 6 - 4   2004 ~ 2016 年浙江省水稻生产环境效率年度变化

资料来源：笔者根据《中国农村统计年鉴》的相关数据，利用 Max-DEA7.0 软件计算整理绘制而得。

6.5   基于非期望产出的
Malmquist-Luenberger 指数分解

本节分别基于省级层面和农户层面的数据，进行基于非期望产出的 Malmquist-Luenberger（ML）指数模型评价，ML 指数模型评价是非期望产出 SBM 模型和 Malmquist 模型结合在一起得出的。为了便于分析效率值变化，将 ML 指数分解为技术效率变化和技术变化两个指标。

6.5.1   Malmquist-Luenberger 生产指数

当被评价决策单元（DMU）的数据是包括多个时间点的面板数

据时，就能够分析生产率的变动情况以及技术效率变化（technical efficiency change，EC）与技术变化（technical change，TC）分别对生产率变动所起的作用，这就是 Malmquist 全要素生产率（TFP）指数分析。费尔等（Fare et al.，1992）采用卡夫等（Caves et al.，1982）计算 Malmquist 指数的方法，使用两个 Malmquist 指数的几何平均值作为被评价决策单元的 Malmquist 指数。那么，从时期 t 到时期 t+1 的 Malmquist-Luenberger 指数可以表示为：

$$ML(x^{t+1}, y^{t+1}, b^{t+1}, x^t, y^t, b^t) =$$

$$\sqrt{\frac{E_c^{t+1}(x^{t+1}, y^{t+1}, b^{t+1})}{E_c^t(x^t, y^t, b^t)} \times \frac{E_c^{t+1}(x^{t+1}, y^{t+1}, b^{t+1})}{E_c^{t+1}(x^t, y^t, b^t)}} \qquad (6-13)$$

在式（6-13）中，$E_c^t(x^t, y^t, b^t)$ 和 $E_c^{t+1}(x^{t+1}, y^{t+1}, b^{t+1})$ 分别是决策单元在两个时期的技术效率值，费尔等（1992）将其作为 t 期到 t+1 期的技术效率变化：

$$EC = \frac{E_c^{t+1}(x^{t+1}, y^{t+1}, b^{t+1})}{E_c^t(x^t, y^t, b^t)} \qquad (6-14)$$

两个时期的技术效率变化可以由式（6-15）表示，若比值大于 1，则表示技术变化。

$$TC = \sqrt{\frac{E_c^t(x^t, y^t, b^t)}{E_c^{t+1}(x^t, y^t, b^t)} \times \frac{E_c^t(x^{t+1}, y^{t+1}, b^{t+1})}{E_c^{t+1}(x^{t+1}, y^{t+1}, b^{t+1})}} \qquad (6-15)$$

根据以上分析，ML 指数可以分解为技术效率变化和技术变化两部分。

$$ML = EC \times TC$$

6.5.2 省级层面

1. 总体态势分析

根据表 6-4 给出的 2001～2016 年中国农业环境全要素生产率指数及其分解指标的均值计算结果，可以对此时间段中国农业环境全要素生产率变动的总体态势进行分析。

表6-4　　　2001~2016年中国农业环境全要素生产率指数
及其分解指标的均值计算结果

变量名称	农业生产环境全要素生产率（ML）指数	增长率（%）	技术效率变化（EC）指数	增长率（%）	技术变化（TC）指数	增长率（%）
2001~2002年	1.029	—	1.082	—	0.990	—
2002~2003年	1.024	-0.476	0.979	-9.487	1.074	8.496
2003~2004年	1.079	5.411	1.019	4.034	1.068	-0.580
2004~2005年	1.027	-4.833	1.014	-0.414	1.025	-4.023
2005~2006年	1.038	1.052	0.989	-2.475	1.053	2.786
2006~2007年	1.042	0.416	1.005	1.606	1.043	-0.956
2007~2008年	1.065	2.189	1.022	1.699	1.048	0.452
2008~2009年	1.042	-2.188	1.014	-0.822	1.027	-2.001
2009~2010年	1.060	1.782	0.983	-3.013	1.081	5.266
2010~2011年	1.103	4.042	0.993	1.005	1.112	2.911
2011~2012年	1.081	-2.052	0.992	-0.172	1.092	-1.874
2012~2013年	1.069	-1.057	1.018	2.689	1.051	-3.683
2013~2014年	1.048	-1.971	0.998	-1.956	1.049	-0.199
2014~2015年	1.093	4.256	0.974	-2.454	1.130	7.649
2015~2016年	1.066	-2.451	0.985	1.138	1.083	-4.148

资料来源：笔者根据《中国农村统计年鉴》的相关数据，利用 Max-DEA7.0 软件计算整理而得。

总体来看，2001~2016年中国农业环境全要素生产率指数整体呈增长趋势。2001年以来，中国农业环境全要素生产率变化指数平均增长率为 0.294%，其中，技术效率变化（EC）增长率为 -0.616%，技术变化（TC）增长率为 0.721%，技术效率变化与技术变化相比，技术变化更能推动中国农业全要素生产率的提高。

从波动情况来看，2001~2016年，中国农业环境全要素生产率变化指数一直在 1.050 上下波动，处于正增长状态；全要素生产率变化指数作为技术效率变化和技术变化的乘积，较高水平的技术变化增长在一定程度上可以改善低水平技术效率带来的负增长情况。农业生产环境全要素生产率（ML）指数，存在明显的阶段性特征。在样本期的 16 年间，农业生产环境全要素生产率（ML）指数都大于1，处于上升状态。技术效率波动较为明显，技术效率变化一直处于接近 1 的较低波动水平，且较多年份处于负增长的状态。技术效率变化（EC）有 7 个年份的指数小于 1，下降年份集中在 2009～2012 年和 2013～2016 年；技术变化（TC）只有 1 年的指数小于 1，2002 年以后，开始呈现十余年连增的良好上升趋势，增长幅度最大的年份出现在 2002～2003 年，这一年的技术效率变化（EC）指数有较大幅度的降低，其中，技术效率变化（EC）指数的增长率达到了 -9.487%（见图 6 - 5）。

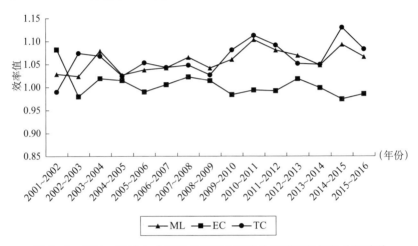

图 6 - 5　2001～2016 年中国农业环境全要素生产率变化指数分解波动

资料来源：笔者根据《中国农村统计年鉴》，利用 Max-DEA7.0 软件计算绘制得到。

2. 区域性比较

表 6 - 5 显示了 2001～2016 年中国分区域农业生产环境全要素生产率（ML）指数及其分解指标的变化均值。

表 6 - 5　2001～2016 年中国分区域农业生产环境全要素生产率
[ML] 指数及其分解指标的变化均值

区域	农业生产环境全要素生产率（ML）指数			技术效率（EC）变化指数			技术变化（TC）指数		
	东部地区	中部地区	西部地区	东部地区	中部地区	西部地区	东部地区	中部地区	西部地区
2001～2002 年	1.030	1.040	1.021	1.000	1.016	1.202	1.030	1.028	0.928
2002～2003 年	1.047	0.989	1.027	1.000	1.029	0.928	1.047	0.962	1.175

区域	农业生产环境全要素生产率（ML）指数			技术效率（EC）变化指数			技术变化（TC）指数		
	东部地区	中部地区	西部地区	东部地区	中部地区	西部地区	东部地区	中部地区	西部地区
2003~2004 年	1.129	1.056	1.050	1.000	0.989	1.057	1.129	1.073	1.008
2004~2005 年	0.984	1.064	1.042	1.000	0.989	1.046	0.984	1.084	1.023
2005~2006 年	1.020	1.049	1.048	1.000	0.942	1.012	1.020	1.127	1.036
2006~2007 年	1.022	1.046	1.059	1.000	1.030	0.995	1.022	1.016	1.082
2007~2008 年	1.057	1.094	1.054	1.000	1.024	1.043	1.057	1.072	1.025
2008~2009 年	1.039	1.082	1.018	1.000	1.050	1.004	1.039	1.031	1.014
2009~2010 年	1.071	1.053	1.056	1.000	0.986	0.968	1.071	1.069	1.099
2010~2011 年	1.107	1.137	1.078	0.979	1.012	0.996	1.137	1.124	1.083
2011~2012 年	1.064	1.074	1.101	0.994	1.016	0.956	1.071	1.059	1.133
2012~2013 年	1.046	1.097	1.072	1.002	1.055	1.007	1.045	1.046	1.062
2013~2014 年	1.063	1.049	1.034	0.999	1.000	0.993	1.064	1.049	1.037
2014~2015 年	1.105	1.076	1.094	1.005	0.929	0.964	1.113	1.163	1.124
2015~2016 年	1.073	1.063	1.062	1.005	0.993	0.959	1.068	1.068	1.107
均值	1.057	1.065	1.054	0.999	1.004	1.009	1.060	1.065	1.062

资料来源：笔者根据《中国农业统计年鉴》，利用 Max-DEA7.0 软件计算整理而得。

中国各区域农业环境全要素生产率指数状况的差异较大。由中国东部地区、中部地区和西部地区的农业生产环境全要素生产率（ML）指数的变化及其构成可知，在技术变化（TC）指数中，中西部地区进步明显。东部地区、中部地区、西部地区的平均农业生产环境全要素生产率（ML）指数分别为 1.057、1.065 和 1.054，年均农业全要素生产率指数中部地区最高、东部地区次之、西部地区最低。从中部地区农业生产环境全要素生产率（ML）指数分解情况来看，其年均技术变化（TC）指数为 1.065，略高于西部地区，技术效率变化（EC）指数为 1.004，这两方面的正向作用共同驱动中部地区农业全要素生产率的快速增长。东部地区经济发达，农业技术先进，农业组织化程度高、市场化程度高，在这样的基础上，要进一步实现技术跨越和效率提升，其难度相对较大。其中，年均技术变化（TC）指数仅为 1.060，而技术效率变化（EC）指数为 0.999，技术进步的停滞不前和技术效率变化的低增长，共同制约着东部地区的农业增长。

6.5.3 农户层面

1. 基于碳排放的农业生产环境效率

2004～2016年，中国农户层面基于碳排放环境全要素生产率指数分解，如表6-6所示。从表6-6中可以看出，2004年以来，基于碳排放的农业生产环境全要素生产率（ML）指数为1.006，平均增长率为1.974%，其中，技术效率变化（EC）指数为1.015，增长率为0.970%，技术变化（TC）指数为1.002，其增长率为1.889%，从基于碳排放的农业生产环境效率全要素生产率指数可以看出，技术效率变化更推动农业全要素生产率的提高。

表6-6 2004～2016年中国农户层面基于碳排放环境全要素生产率指数分解

变量名称	农业生产环境全要素生产率（ML）指数	增长率（%）	技术效率变化（EC）指数	增长率（%）	技术变化（TC）指数	增长率（%）
2004～2005年	0.864	—	0.923	—	0.948	—
2005～2006年	0.965	11.673	1.080	17.069	0.901	-4.970
2006～2007年	0.954	-1.124	1.015	-6.051	0.947	5.147
2007～2008年	1.093	14.588	0.977	-3.734	1.132	19.517
2008～2009年	1.044	-4.556	1.057	8.174	0.995	-12.091
2009～2010年	1.060	1.605	1.005	-4.894	1.062	6.732
2010～2011年	1.103	4.060	0.979	-2.657	1.139	7.231
2011～2012年	0.961	-12.912	1.123	14.728	0.862	-24.305
2012～2013年	1.004	4.521	1.004	-10.540	1.007	16.857
2013～2014年	1.010	0.530	0.984	-2.016	1.034	2.650
2014～2015年	0.973	-3.627	1.051	6.789	0.934	-9.637
2015～2016年	1.041	6.961	0.986	-6.197	1.062	13.651
均值	1.006	1.974	1.015	0.970	1.002	1.889

资料来源：笔者根据农产品生产成本与收益调查数据，利用Max-DEA7.0软件计算整理而得。

而从波动情况来看，2001～2016年中国农业生产环境全要素生产率指数一直在1.000上下波动，多数年份都处于正增长状态；技术效率变化指数一直在接近于1.000水平附近波动，且较多年份中，当农业全要素生长率变化指数处于负增长状态下，拉动其增长。技术变化指数与农业全要素生产率指数的波动趋势大致相同，见图6-6。

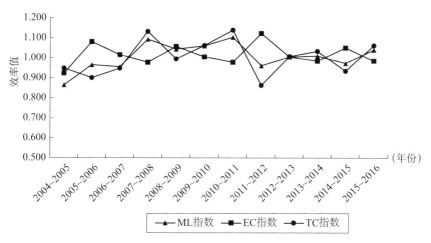

图6-6　2001~2016年中国基于碳排放环境全要素生产率指数分解

资料来源：笔者根据《中国农村统计年鉴》的相关数据，利用 Max-DEA7.0 软件计算整理绘制而得。

2. 基于氮磷盈余的农业生产环境效率

2004~2016年，中国基于氮磷盈余农户层面平均环境全要素生产率指数及其分解，见表6-7。从表6-7中可以看出，2001年以来，中国种植业农业环境全要素生产率（ML）指数为1.006，平均增长率为2.179%，其中，技术效率变化（EC）指数为1.021，增长率为1.144%，技术变化（TC）指数为0.999，增长率为1.715%，技术变化与技术效率变化相比，技术效率变化更推动农业全要素生产率的提高。

表6-7　　　2004~2016年中国基于氮磷盈余环境全要素
生产率指数及其分解

变量名称	农业生产环境全要素生产率（ML）指数	增长率（%）	技术效率变化（EC）指数	增长率（%）	技术变化（TC）指数	增长率（%）
2004~2005 年	0.857	—	0.926	—	0.939	—
2005~2006 年	0.972	13.440	1.101	18.897	0.892	-4.985
2006~2007 年	0.955	-1.753	0.999	-9.327	0.964	8.043
2007~2008 年	1.101	15.324	1.006	0.714	1.110	15.133

续表

变量名称	农业生产环境全要素生产率（ML）指数	增长率（%）	技术效率变化（EC）指数	增长率（%）	技术变化（TC）指数	增长率（%）
2008~2009 年	1.033	-6.202	1.037	3.117	1.006	-9.328
2009~2010 年	1.052	1.820	1.017	-1.945	1.045	3.821
2010~2011 年	1.102	4.759	0.986	-3.074	1.132	8.352
2011~2012 年	0.966	-12.317	1.124	14.040	0.869	-23.252
2012~2013 年	1.003	3.827	1.018	-9.391	0.994	14.367
2013~2014 年	1.011	0.772	0.978	-3.938	1.047	5.419
2014~2015 年	0.974	-3.682	1.044	6.738	0.945	-9.762
2015~2016 年	1.051	7.985	1.010	-3.252	1.050	11.060
均值	1.006	2.179	1.021	1.144	0.999	1.715

资料来源：笔者根据农产品生产成本与收益调查数据，利用 Max-DEA7.0 软件计算整理而得。

从波动情况来看，2004~2016 年，农业环境全要素生产率指数一直在 1.000 水平上下波动；与基于碳排放农业全要素生产率变化指数类似，技术效率变化指数一直处于接近于 1.000 的波动水平，且较多年份，当农业环境全要素生长率指数处于负增长的状态下，拉动其增长。技术变化指数与农业环境全要素生产率指数波动趋势大致相同（见图 6-7）。

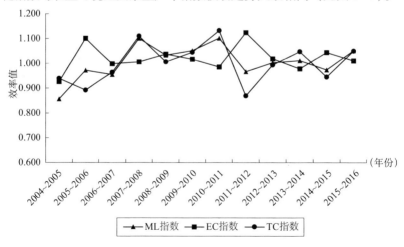

图 6-7 2004~2016 年中国基于氮磷盈余的 ML 指数分解

资料来源：笔者根据《中国农村统计年鉴》的相关数据，利用 Max-DEA7.0 软件计算整理绘制而得。

6.6　本章小结

本章在系统地梳理了农业生产环境效率的相关理论与评估方法的基础上，分别从省级层面和农户层面对农作物生产经营的环境效率和Malmquist-Luenberger指数进行测算评估。通过对比分析，得出以下六点研究结论。

第一，东部地区和中部地区对农业化学品依赖程度较高。在省级层面数据中，柴油与农膜的投入量在东、中、西部地区依次递减；化肥与农膜的投入量，中部地区最大、东部地区次之、西部地区最少；农作物投入面积与劳动力投入在中部地区最大、西部地区次之、东部地区最少。在产出变量中，期望产出农业产值东部地区最大、西部地区次之、中部地区最少；非期望产出碳排放在东部地区、中部地区、西部地区依次递减。总体来看，东部地区农用化学品投入较大，同时，期望产出与非期望产出也较大，东部地区因受到区域面积的局限，农作物投入面积没有中西部地区高，且东部地区务农人员没有中西部地区多。

第二，中国农业生产环境效率的区域发展不均衡，地区差异较为明显，整体波动稳中有升。其中，东部地区农业生产环境效率历年均值一直处于全国均值水平之上，中西部地区历年均值低于全国均值水平。各省区市之间，农业生产环境效率最高值与最低值相差0.808，说明各省区市之间有较大差距。总体趋势表明，国家出台相关农业化学品政策具有必要性，可对加强农业生产环境效率起到驱动作用。

第三，空间差异较为明显。中国农业生产环境效率在空间上具有十分明显的差异，从总体上来看，并没有明显的聚集特征。农业生产环境效率较高的新疆、青海、四川、上海、江苏、陕西、福建和广东，在地域上有部分省（区、市）相邻，在较小的区域范围内有一定的聚集特征；而农业生产环境效率较低的地区有甘肃、山西、云南、安徽，其地域分布相对分散。

第四，农户层面的农业生产环境效率有较大提升空间。从氮磷盈余角度来看，浙江省水稻生产环境效率平均为 0.557。粳稻、早籼稻和晚籼稻生产的平均环境效率分别为 0.547、0.565 和 0.560；从农户碳排放层面来看，浙江省水稻生产平均环境效率为 0.542。粳稻生产平均环境效率为 0.523，早籼稻生产平均环境效率为 0.557，晚籼稻生产平均环境效率为 0.549。无论是以物质平衡方式衡量农户农业生产环境效率值，还是以碳排放方式衡量，浙江省水稻生产环境效率都在 0.278 ~ 1.000 区间，平均值差距较小，说明两种方式都可以稳定地核算农业生产环境效率均值。从种类分析来看，粳稻、早籼稻和晚籼稻的年均生产环境效率高低趋势呈现出细微差别，说明非期望产出的衡量方式不同，则具体粮食作物的趋势变化明显。

第五，在省级层面，2001 ~ 2016 年，中国农业环境全要素生产率变化指数（Malmquist-Luenberger）处于正增长态势，技术效率变化指数也处于正增长态势，而技术效率变化指数表现为负增长。这说明，中国农业生产环境效率增长的动力来源于技术变化，属于技术推动型增长模式。从时序演变看，中国农业生产环境效率虽然在不断上升，但存在明显的波动性。中国中部地区的农业环境全要素生产率指数最高，达到 1.065，之后是东部地区的 1.057 和西部地区的 1.054；就农业环境技术变化指数而言，中部地区为 1.065，之后是西部地区为 1.062，最小的是东部地区为 1.060；就农业环境技术效率变化指数而言，中部地区为 1.004，西部地区为 1.009，处于增长状态，而东部地区为 0.999，处于明显的衰退状态，体现了我国东部地区农业生产环境技术效率水平的滞后现状。

第六，在农户层面，基于碳排放作为非期望产出分解和基于氮磷盈余作为非期望产出分解中的研究结果与省级层面的结论不同，技术变化指数与农业环境全要素生产率变化指数波动的趋势大致相同，技术效率变化指数增长在一定程度上拉动了农业环境全要素生产率变化指数增长。基于碳排放的农业环境全要素生产率变化指数年均值为 1.006，年均增长率为 1.974%，技术变化指数为 1.002，年均增长率为 1.889%，技术效率变化指数为 1.015，年均增长率为 0.970%；基于氮磷盈余的农业环境全要素生产率变化指数年均值为 1.006，年均增长率为 2.179%，技术变化指数为 1.021，年均增长率为 1.144%，技术效率变化指数为 0.999，年均增长率为 1.715%。

第7章 农业生产环境效率影响因素实证研究：省级层面

本章根据第 6 章对全国及东中西部地区基于碳排放测算的农业生产环境效率，利用 2001～2016 年中国的 31 个省区市有关狭义农业（种植业）生产的面板数据，实证研究劳动力转移程度、农业财政支出比例和收入差距等因素对农业生产环境效率的影响。

7.1 理论分析与研究假设

在理论上，有三条路径可以改善包含环境要素在内的农业生产环境效率：一是投入要素的数量和结构不变，通过生产技术进步，包括良种开发与推广、灌溉技术及施肥技术改进等推动粮食生产前沿面外移；二是粮食生产技术水平不变，粮食生产管理水平提升、经营模式和经营理念转变、投入要素结构优化等促进粮食生产综合效率提升，拉近粮食生产前沿面与"最佳实践者"之间的距离（赵丽平等，2016）；三是在农业可持续发展理论下，改变要素投入结构、提升要素配置效率和要素使用效率，尤其是减少农业化学品等要素使用，在粮食不减产的前提下，降低生产过程中的环境代价，提升粮食生产环境效率（田红宇，2018）。

农业劳动力的转移程度，可能影响农业生产环境效率。随着科学技术进步和社会经济发展，农业生产部门的劳动力向非农产业生产部门流动，农业生产部门劳动力向农村内部和农村外部的非农产业生产部门转移，这是农业劳动生产率、土地生产率和农产品商品率不断提高的结果，是人类社会经济发展的共同规律，即由农业人口转化为城镇人口、社会形态由以农业为主的传统农业社会逐渐转变为以工业、服务业为主的现代化城市社会。随着农业部门人数逐渐减少，农业种植只能依靠农业化学品的施用，降低了农业生产环境效率的增长幅度。因而，农业劳动力转移程度与农业生产环境效率可能呈现负相关关系。

农民人均收入水平与收入差距，可能影响农业生产环境效率。农民人均收入水平通过两种效应对农业生产环境效率产生影响——收入效应和替代效应。一方面，随着农村家庭收入的提高，农户购买能力增强，会提高生产要素的投入，特别是农药、化肥等生产资料的使用量，不可避免地造成环境污染增加，从而影响农业生产环境效率；另一方面，随着收入的提高，农户可能会改变当前农药、化肥投入的种类，选择购买更高质量的生产资料。例如，选择控释肥和高科技饲料将有利于农作物吸收，提高农业生产环境效率。最终农村家庭人均纯收入水平的变化对农业生产环境效率的影响取决于这两种效应的共同作用，但是，两者之间哪种效应更强需进一步进行分析判断。因此，本章预期农村家庭人均纯收入水平对农业生产环境效率影响方向不确定。在推动经济与环境协调发展的过程中应该把缩小收入差距考虑进来，收入差距的缩小能够从整体上提升农户对周边环境的重视度，让农户自觉维护农业种植的环境，可减轻政府强制治理环境的压力且有效地提高农业生产环境效率。

理论上，经济发展阶段与农业生产环境效率的高低有着一定相关性。随着经济的快速发展，将会有更多资源用于农业环境治理，避免农业生产环境污染恶化。随着社会经济的发展，粮食需求不断提升，农民可能会投入更多化学品来保障和提升粮食产量，并带来一定程度的环境污染。另外，随着经济的发展，政府在农业发展和环境治理上的财政预算资金投入也将加大，以维护农业的可持续发展。因而，经济发展对农业生产环境效率的影响还有待进一步探究。

财政支农政策是促进农业发展和确保粮食安全生产的重要保障。农业是弱质性产业，具有收益低、投资回收期长和风险大等特点。中国粮食生产者普遍具有资本实力弱小、风险抵御能力低、信贷能力不高等特点。在粮食生产过程中，农户在追求粮食生产收益最大化时，依靠自身能力很难同时兼顾粮食产量提升和外部农业生产环境的保护。而农业财政支出政策、财政补贴政策在提高农民种粮的积极性和粮食自给率方面具有积极影响，对促进粮食产量增加具有重要作用。

根据相关文献，本章做出以下假设。

假设 7 – 1：农业劳动力转移程度对于农业生产环境效率有负向影响效应。

假设 7 – 2：农民人均收入水平与农民人均 GDP 对农业生产环境效率的影响无法确定。

假设 7 – 3：农业财政支出占比对农业生产环境效率具有显著正向影响效应。

7.2 模型构建

在测算各地区年度农业生产环境效率值的基础上，本节将探讨农业宏观因素对所测算的农业生产环境效率的影响。因为农业生产环境效率 $EE_{it} \in$ （0，1），属于典型的归并回归，普通最小二乘（OLS）回归会产生有偏和不一致的估计结果，所以，本章采用 Tobit 模型与 Clad 模型进行农户层面的测算，模型如下：

$$EE_{it} = \partial_1 Labor + \partial_2 gap + \partial_3 agri + \partial_4 edu +$$
$$\partial_5 age + \partial_6 gdp + \partial_7 income + \partial_8 nature \qquad (7 - 1)$$

在式（7-1）中，∂_* 为各个变量的系数，Labor 表示劳动力转移程度，gap 表示城乡居民收入差距，agri 表示农业财政支出占比，edu 表示教育程度，age 表示老龄化率，gdp 表示人均 GDP，income 表示农村居民人均收入，nature 表示自然灾害程度。

7.3　变量说明与描述性分析

为研究农业经营规模因素对农业生产环境效率的影响，本章在第 6 章所测算的农业生产环境效率作为农业生产环境效率影响因素模型的被解释变量。省级层面的主要解释变量包括劳动力转移程度、城乡居民收入差距、农业财政支出占比、教育程度、老龄化率、人均 GDP、农村居民人均收入和自然灾害程度等。

劳动力转移程度，由农村实际从业劳动力总量变化占农村实际从业劳动力总量的比例来确定，相关数据来源于历年《中国统计年鉴》和历年《中国农村统计年鉴》。

城乡居民收入差距，即城镇居民人均可支配收入与农村居民人均纯收入的比值（刘赛红，2019），相关数据来源于历年《中国农村统计年鉴》。

农业财政支出占比，即农业财政支出占总财政支出比重来表示财政支农支出水平，即农业财政支出占比，相关数据来源于历年《中国农村统计年鉴》。

教育程度。农民教育程度越高，思想认知水平较高，采用科学环保种植的愿望一般就会越强烈，其对农业生产环境效率的影响可能呈现正相关关系。考虑到不同阶段的教育对生产效率所起的作用不同，我们采用霍尔和约翰斯（Hall and Jones，1999）的思路确定教育指标，根据中国目前的统计口径，农村劳动力平均受教育程度可以划分为未上过学、小学、初中、高中、大专及以上五类，根据中国的实际各级学制，我们把平均接受正规教育年数分别设定为 0 年、6 年、9 年、12 年和 15.5 年，从而计算出各省区市农业劳动力平均接受教育年数。相关数据来源于历年《中国农村统计年鉴》。根据帕萨罗（Psacharo，2004）的研究表明，中国教育收益率在小学阶段为 0.180，中学阶段为 0.134，高等教育阶段为 0.151，采用这一数据，接受正规学校教育在 0~6 年区间的系数确定为 0.18，6~12 年区间为 0.134，12 年及以上为 0.151。那么，乡村居民人均受教育程度为：

$$edun_{ij} = \sum_{k=1}^{4} \frac{P_{ijk}}{P_{ij}} n_k \alpha_k \qquad (7-2)$$

在式（7-2）中，P_{ij} 表示 i 省第 j 年乡村 6 岁及以上人口数，P_{ijk}，$k=1$，…，4，表示学历分别为小学、初中、高中、大专及以上的乡村人口数，n_k 为年数，α_k 为教育收益率。

老龄化率。老龄化率指，乡村 65 岁及以上人口数与乡村人口总数的比值。农业种植业户主是农业生产种植的主要决策者，一般来说，户主的年龄越大，种植年限越长，经验越丰富，其农业生产环境效率可能会越高。相关数据来源于历年《中国农村统计年鉴》。

人均 GDP。本章采用人均 GDP 衡量地区经济发展状况，其相比于总量 GDP 更能反映经济发展水平变化对环境污染造成的真实影响。根据环境库兹涅茨曲线假说的相关理论，引入人均 GDP 二次项来验证 GDP 和农业生产环境效率之间是否存在倒 "U" 型关系。该变量的数据来源于历年《中国农村统计年鉴》。

农村居民人均收入。农村居民人均收入是指，可直接用于进行生产性、非生产性建设投资、生活消费和储蓄的那部分收入，农村居民人均收入的直接数据，可通过历年《中国农村统计年鉴》获取。

自然灾害程度。本章参考（幸汉龙，2018）选择粮食主产区粮食受灾面积占比作为评价指标，具体公式为：自然灾害程度 = 粮食受灾面积/粮食种植面积，其中，粮食受灾面积＝农作物受灾总面积×（粮食播种面积/农作物播种面积）。中国粮食生产受自然灾害影响较大。据历年《中国统计年鉴》相关数据，自然灾害严重降低了粮食产量，继而影响农业生产环境效率。

农业生产环境效率影响因素主要变量描述性统计分析，如表7－1所示。

表7－1 农业生产环境效率影响因素主要变量描述性统计分析

变量名称	变量单位	全国		东部地区		中部地区		西部地区	
		均值	标准差	均值	标准差	均值	标准差	均值	标准差
劳动力转移程度	—	0.358	0.198	0.529	0.184	0.334	0.116	0.217	0.121
城乡居民收入差距	—	2.979	0.708	2.482	0.309	2.730	0.310	3.601	0.699
农业财政支出占比	%	0.097	0.037	0.074	0.032	0.101	0.030	0.115	0.034
教育程度	—	5.435	0.915	5.918	0.659	5.753	0.513	4.780	0.940
老龄化率	—	0.095	0.028	0.109	0.024	0.092	0.020	0.084	0.030
人均GDP	万元/人	0.987	0.640	1.390	0.660	0.844	0.489	0.714	0.516
农村居民人均收入	百元	15.071	8.863	21.274	10.204	13.482	5.986	10.444	5.071
自然灾害程度	—	0.245	0.153	0.204	0.151	0.262	0.152	0.272	0.147

资料来源：笔者根据历年《中国农村统计年鉴》的相关数据，利用 Stata14.0 软件计算整理而得。

7.4 实证分析结果

在测算得到各省（区市）种植业的农业生产环境效率之后，采用 Stata14.0 软件，通过条件矩检验和辅助回归构建拉格朗日（LM）统计量，利用全国样本量数据，检验 Tobit 模型中扰动项的正态性和同方差性，并对本节构建的农业生产环境效率影响因素模型进行回归估计。总样本扰动项分布检验结果，见表7－2。

表7-2 总样本扰动项分布检验结果

检验方法/样本	条件矩检验				拉格朗日（LM）检验	
	CM	临界值			$n R_{uc}^2$	P-value
		10%	5%	1%		
全国	96.132	7.674	10.943	21.109	70.035	0.000
东部地区	13.406	11.996	17.156	29.550	28.512	0.000
中部地区	11.216	11.038	25.671	40.156	44.288	0.000
西部地区	21.895	14.866	21.610	43.130	25.344	0.000

资料来源：笔者根据《中国农村统计年鉴》的相关数据，利用 Stata14.0 软件计算整理而得。

结果显示，全国条件矩统计量远高于临界值，强烈拒绝"扰动项服从正态分布"的原假设；辅助回归 LM 统计量较大，P-value 值远小于 0.01，说明扰动项也不服从同方差性。因此，用 Tobit 模型进行估计时的似然函数存在偏误，应当采用更加稳健的 Clad 模型代替 Tobit 模型来对水稻生产环境效率的影响因素进行估计。全国分为东中西部三大区域的中国的 31 个省区市农业生产环境效率影响因素估计结果，如表7-3 所示。

根据表7-3 中模型的估计结果，可以明显看出 Tobit 模型与 Clad 模型估计值相差较大。这与正态性检验结果一致，如果 Tobit 模型设定正确，那么，Tobit 模型与 Clad 模型估计结果应当相差不大。从这一角度，通过 Clad 模型对 Tobit 模型的设定检验，故 Tobit 模型设定可能有误，本章倾向于使用 Clad 模型的估计结果。

从实证结果可以看出，在 1% 的显著性水平上，东中部地区的劳动力转移程度与农业生产环境效率呈现显著的负相关关系，而西部地区的劳动力转移程度与农业生产环境效率呈现显著的正相关关系。这说明，农村劳动力的非农转移逐渐转向小城镇或城市，进行自我重塑和发展，有利于西部地区农业生产环境效率的发展，即西部地区种粮劳动力减少反而会促进农业生产环境效率提升，而东中部地区随着农村劳动力转移，农村人口老龄化及人力资本存量下降，导致农业生产环境效率下降。

表 7 - 3　全国和分为东中西部三大区域的中国的 31 个省区市农业生产环境效率影响因素估计结果

模型变量	全国		东部地区		中部地区		西部地区	
	Tobit	Clad	Tobit	Clad	Tobit	Clad	Tobit	Clad
劳动力转移程度	-0.078	0.085***	-0.199	-0.453***	-0.450*	-0.022***	0.121	0.625***
	(0.132)	(0.021)	(0.331)	(0.028)	(0.236)	(0.001)	(0.121)	(0.039)
城乡居民收入差距	-0.002	0.014***	-0.038	0.203***	-0.007	-0.062***	-0.024	0.050***
	(0.020)	(0.004)	(0.083)	(0.011)	(0.059)	(0.001)	(0.035)	(0.007)
农业财政支出占比	-0.176	0.545***	-0.815	-2.598***	0.075	-0.028***	0.037	-0.609***
	(0.215)	(0.078)	(1.059)	(0.118)	(0.272)	(0.001)	(0.201)	(0.173)
教育程度	-0.019	-0.067***	0.01	0.006	-0.02	-0.027***	-0.035***	-0.074***
	(0.014)	(0.004)	(0.020)	(0.005)	(0.012)	(0.001)	(0.011)	(0.005)
老龄化率	0.529	1.070***	1.221	1.070***	0.686	2.390***	0.336	-2.550***
	(0.593)	(0.108)	(1.381)	(0.179)	(1.140)	(0.001)	(0.959)	(0.239)
gdp	0.493***	0.276***	0.492***	0.591***	0.536***	0.221***	0.647***	0.267***
	(0.070)	(0.017)	(0.160)	(0.022)	(0.183)	(0.001)	(0.138)	(0.030)
农村居民人均收入	0.005	0.008***	0.004	0.010***	0.008	0.011***	-0.007	0.032***
	(0.004)	(0.001)	(0.006)	(0.001)	(0.007)	(0.001)	(0.007)	(0.002)
自然灾害程度	-0.064***	-0.099***	-0.096***	-0.073***	0.005	-0.081***	-0.094**	-0.192***
	(0.022)	(0.017)	(0.030)	(0.018)	(0.021)	(0.001)	(0.037)	(0.033)
gdp^2	-0.088***	-0.041***	-0.087**	-0.105***	-0.113	-0.045***	-0.096**	-0.065***
	(0.018)	(0.005)	(0.041)	(0.006)	(0.087)	(0.001)	(0.045)	(0.011)
_cons	0.247***	0.369***	0.174	-0.346***	0.233	0.323***	0.462***	0.406***
	(0.095)	(0.026)	(0.220)	(0.041)	(0.163)	(0.001)	(0.130)	(0.040)
样本数	496	496	176	176	128	128	192	192

资料来源：笔者根据《中国农村统计年鉴》的相关数据，利用 Stata14.0 软件计算整理而得。

实证结果显示，农业财政支出占比对农业生产环境效率具有显著的正向影响效应。相关研究表明，农业财政投入对粮食生产具有长期激励作用，而提高财政直接补贴对提高农民种粮积极性和粮食自给率具有重要的影响作用，因此，加大财政支农资金投入、强化财政支农资金的监督管理、优化农业财政支出结构并完善粮食生产投资体系，将有利于粮食生产。财政资金不仅弥补了农业生产资金投入不足的缺陷，而且，推动了粮食产量快速增长并保证了粮食价格相对稳定。农业财政支出在农村基础设施建设，如水利灌溉、电力、道路交通等各个方面发挥着巨大作用，促进了生产效率的提高，进而促进了农业生产环境效率的提升。

实证结果还显示，农村居民人均收入会对农业生产环境效率有稳健的正相关影响。可能的原因在于，经济发展水平高，对环境的重视程度高，高收入者对于环保事业的支持力度高，低收入者对环境未造成显著影响。这一结论与石保柱（2018）的结论一致。农村居民人均收入对农业生产环境效率产生了显著的正向影响，东部地区和西部地区的估计结果一致，说明提高农民收入对于保护农业环境、推进农业系统的可持续利用和发展具有重要意义。同样，人均GDP一次项在全国样本与东中西部样本中都呈现了稳健的正相关关系，即随着人均GDP的增长，农业生产环境效率将上升。人均GDP二次项都呈现了负相关关系，但其系数相对较小，因而，农业生产环境效率随着人均GDP的增长，其提高程度将越来越缓慢。

7.5 本章小结

本章基于第6章对中国的31个省区市及东中西部地区碳排放测算的农业生产环境效率，在扰动项不服从正态性和同方差性假设的情况下，采用Clad模型来代替传统的Tobit模型，利用2001～2016年中国的31个省区市有关狭义农业（种植业）生产的面板数据，实证研究劳动力转移程度、农业财政支出占比、城乡居民收入差距和自然灾害程度等因素对农业生产环境效率的影响，主要有以下三个结论。

第一，劳动力转移程度对农业生产环境效率的影响结果不稳健。研究结果表明，东中部地区的劳动力转移程度与农业生产环境效率呈现显著的负相关关系，而西部地区呈现显著的正相关关系，即西部地区种粮劳动力减少反而会促进农业生产环境效率的提升。因而，劳动力转移程度对农业生产环境效率的影响需要进一步研究。

第二，农业财政支出占比对农业生产环境效率具有显著的正向影响效应。财政资金不仅弥补了农业生产资金投入不足的缺陷，在农村基础设施建设，如水利灌溉、电力、道路交通等各个方面发挥着巨大作用，促进了生产效率的提高，进而促进了农业生产环境效率的提升。

第三，农村居民人均收入和人均 GDP 对农业生产环境效率有正向的显著影响。农村居民人均收入对农业生产环境效率产生了显著的正向影响，东西部地区的结论一致，说明收入的提高使得农民更加关注环境保护。人均 GDP 对农业生产环境效率也有较大的正向影响。人均 GDP 的提高表明经济水平提升，促使社会对环境质量有更高的要求，能够使环境治理投资得到更全面的投入，有助于农业生产环境效率的提高。

第8章 农业生产环境效率 影响因素实证研究：农户层面

本章将基于第6章测算的农户农业生产环境效率，在农户层面实证分析农业经营规模（土地面积规模、劳动力投入规模、资本投入规模和产出规模）、社会经济因素和政策措施等对农业生产环境效率的影响。

8.1 理论分析与研究假设

农业粮食生产规模化及其效率问题，一直是发展经济学理论探讨的焦点问题之一。大农场还是小农场更有效率，学术界一直存在较大争议。印度农业部门的实证研究最早发现，随着农场土地面积规模的扩大，以全要素生产率度量的农业生产效率提高，而单位土地产出水平却下降，这种关系被称为反向关系（inverse relationship，IR 关系）。但是，后来大量研究得出了与 IR 关系不一致甚至相反的结论。例如，哈德里奇·J. C. 和奥尔森·F. 卓恩特等（Hadrich and Olson F. Joint，2011）认为，适当的管理可以使规模经济效应随着农场面积的增大更好地增长，农场生产效率会随着产出而下降。越来越多的学者发现，农户新技术的采纳与经营规模之间存在倒"U"型关系，这可能导致农户土地经营规模变量与农户粮食作物生产效率水平之间呈倒"U"型关系。另外，因为农业经营方式和技术变

革均具有规模效应，所以，专业化经营的规模化农场相对于小农场
在相同面积上使用了更少肥料；小农户地块的细碎化导致其使用更
多劳动力和更少的现代化耕作技术，并造成过量施肥、施药。吴等
（Wu et al.，2018）利用中国农村家庭调查数据研究发现，农场面积
规模每增加1%，将使得每公顷化肥使用量和农药使用量分别减少
0.3%和0.5%。通过土地面积规模对农业生产效率和化肥农药施用
（及其环境负担）带来的综合影响，可以得出结论：土地面积规模与
农业生产环境效率很可能会呈现倒"U"型关系。

　　劳动力投入是农业生产必要的生产要素，但其在不同的农业发
展阶段，对农业生产效率的影响不尽相同。因为长期以来中国农业
都沿着资本节约、劳动密集的"精耕细作"方向演进，所以，劳动
力投入对农业产出效率多呈现反向影响。例如，张忠明等（2017）
对浙江省传统粮区的调查研究发现，因为存在大量劳动力剩余，所
以，农业劳动力投入的减少在一定程度上促进了农业生产效率的提
升。与其他投入要素相比，劳动力投入对发达国家农业产出的促进
作用不显著（李文秀，2015）。另外，劳动力投入与农业化学品共同
作为生产要素投入农业生产，它们之间可能存在一定的互补关系或
替代关系，但既有研究对劳动力与化肥投入之间的关系究竟是替代
性更强还是互补性更强，尚未达成共识（高晶晶，2019；陆文聪，
2017）。因而，考虑到劳动力投入规模变化对农业产出效率产生负的
（或不显著的）影响以及其对化学品投入不确定的影响，其对农业生
产环境效率的综合影响还有待确定。

　　资本积累是转型期农业经济增长的重要源泉（付明辉，2016），
资本投入规模和比例，反映了农业发展的现代化水平。国内外学者
普遍认为，资本投入能够显著地促进农业劳动生产率增长。徐建国
和张勋（2016）指出，资本投入的增加改善了农业生产条件，进而
推动了农业生产率提高。另外，资本投入的增加，可能会直接带动
化肥和农药等农用化学品使用的增加。侯俊东等（2012）研究发现，
农业投资的加大将会促使农民为提高产量而加大化学品使用，从而

造成更加严重的农业面源污染及农村水质污染。因而，资本投入对农业生产环境效率的影响，将取决于其对农业产出效率的影响及其对化学品投入（或污染产出）的影响，而两者的强弱比较有待进一步确定。

在农作物生产过程中，生产调整的滞后性（Nerlove，1956）和土地质量的相对稳定性，导致特定地块的粮食产量具有相对稳定性。在价格稳定的情况下，农作物增产能够带来更高的农户收入，而较高的农户收入将可能促使农民提高其农业生产效率（肖卫，2014）。另外，研究表明，农业收入水平较高的农户，更可能采用绿色环保的农业生产方式（王鸥，2014），减少对环境的不利影响。同时，化肥、农药等农用化学品的产出效率对农用化学品的投入具有负向影响（龚琦，2011），这可能导致单位产出高的农户减少农用化学品的使用强度，并降低污染的产出。因而，农作物的产出规模，很可能会对农业生产环境效率产生正向影响。

综上所述，土地面积规模、劳动力投入规模、资本投入规模和前期产出将分别影响农业产出、化学品投入（污染产出），进而会对农业生产环境效率产生综合影响。农户层面理论影响路径分析，如图 8－1 所示。

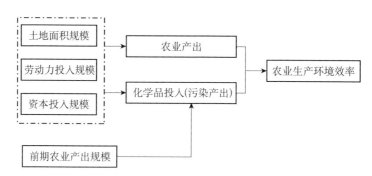

图 8－1　农户层面理论影响路径分析

根据相关文献，本章做出以下假设：

假设 8－1：土地面积规模可能对农业生产环境效率产生正向影响。

假设 8－2：劳动力投入规模可能对农业生产环境效率产生负向

影响。农业劳动力在农地上的劳动投入时间越多，劳动力投入越多，越可能加大农业化学品的使用，使农业生产环境效率越低。

假设 8 - 3：资本投入规模可能对农业生产环境效率产生负向影响。

假设 8 - 4：前期农业产出规模可能对农业生产环境效率产生正向影响。上年或前期农业产出规模较高，收益增加，会增加对农地的劳动力投入，减少农业化学品的施用。

8.2　模型构建

在测算各农户地块农业生产环境效率值的基础上，本节将从农户层面探讨经营规模因素对所测算的农业生产环境效率的影响。因为因变量农业生产环境效率 $EE_{it} \in$（0，1），属于典型的归并回归，所以，普通最小二乘法（OLS）回归会产生有偏和不一致的估计结果。因此，本书采用 tobit 模型与 Clad 模型进行农户层面的测算，模型如下：

$$EE_{it} = \alpha_1 land + \alpha_2 laborday + \alpha_3 capital + \alpha_4 loutput +$$
$$\alpha_5 ppesti + \alpha_6 pferti + \alpha_7 plabor + \alpha_8 rent + \alpha_9 pfood +$$
$$\alpha_{10} commrate + \alpha_{11} subsidy + \alpha_{12} edu + \alpha_{13} age \qquad (8-1)$$

在式（8 - 1）中，α_* 为各个变量的系数，land 表示土地面积规模，laborday 表示劳动力投入规模。capital 表示资本投入规模，loutput 表示前期农业产出规模，ppesti 表示农药价格，pferti 表示化肥价格，plabor 表示劳动力价格，rent 表示土地成本，pfood 表示粮食价格，commrate 表示商品率，subsidy 表示补贴收入，edu 表示教育程度，age 表示年龄。

8.3　变量说明与描述性分析

农户层面核心解释变量包括土地面积规模、劳动力投入规模、资本投入规模和前期粮食产出规模四个农业经营规模性指标。控制变量分别是要素和产品价格（农药价格、化肥价格、劳动力价格、土地成本和粮食价格）、商品率、农业补贴和农户特征变量（受教育程度和年龄）。

其中，土地面积规模是指，农户耕地面积，包含农户自有耕地面积和流转耕地面积，为考察土地面积规模与农业生产环境效率之间是否存在"U"型关系，土地面积规模二次项也将作为解释变量。资本投入规模为农业生产中的全部资本性要素投入，包含各种物质性直接投入、技术服务和其他直接费用。农药价格是指，进行调查当年农药的市场平均价格。化肥价格是指，调查当年化肥的市场平均价格。劳动力价格是指，进行调查当年农户的家庭劳动日工价。土地成本用进行调查当年流转地租金和自营地折租之和表示。所有价格变量都以2004年为基期，去除通货膨胀后的实际价格核算。商品率是指，农户在下一个生产年度同种产品收获之前，所出售的商品数量占总产量的比率。补贴收入为，每亩农产品种植所得到的各类政府补贴金额。农户教育程度分为小学以下、小学、初中、高中、大专及以上共五个等级，分别以0、1、2、3、4表示。农户年龄为进行调查当年农户的年龄（见表8-1）。

农业生产环境效率影响因素主要变量描述性统计，如表8-1所示。

表8-1 环境效率影响因素主要变量描述性统计

变量名称	变量单位	总体		粳稻		早籼稻		晚籼稻	
		均值	标准差	均值	标准差	均值	标准差	均值	标准差
土地面积规模	hm²	2.357	10.005	2.438	10.812	2.176	8.39	2.494	10.855
劳动力投入规模	元/hm²	76.575	30.42	76.755	27.585	71.775	32.31	82.965	30.3
资本投入规模	元/hm²	4 539.645	1 601.28	4 904.46	1 737.72	4 326.915	1 458.18	4 326.21	1 498.395

续表

变量名称	变量单位	总体		粳稻		早籼稻		晚籼稻	
		均值	标准差	均值	标准差	均值	标准差	均值	标准差
前期农业产出规模	元/hm²	13 488.04	3 454.205	15 421.44	3 290.046	11 237.59	2 156.506	13 908	3 341.573
农药价格	元/kg	30.876	5.874	30.651	5.92	31.009	5.836	31.004	5.854
化肥价格	元/kg	4.299	0.786	4.186	0.668	4.286	0.802	4.474	0.879
劳动力价格	元/d	40.311	14.514	43.472	15.121	39.759	14.295	36.677	12.928
土地成本	元/hm²	4 339.65	1 601.279	4 904.46	1 737.72	4 326.92	1 458.18	4 326.21	1 498.4
粮食价格	元/kg	1.958	0.27	2.062	0.274	1.835	0.188	1.982	0.294
商品率	%	71.629	31.752	59.896	30.009	94.253	17.353	56.695	31.841
补贴收入	百元/hm²	13.291	13.57	9.757	9.432	22.127	15.876	6.002	6.67
教育程度	/	1.824	0.744	1.805	0.723	1.813	0.751	1.868	0.763
年龄	岁	55.374	8.948	55.785	9.148	55.415	8.811	54.746	8.823

资料来源：笔者根据《农产品成本收益资料汇编》的相关数据，利用Stata14.0软件计算整理而得。

8.4 实证分析结果

8.4.1 物质平衡原则下农业生产环境效率影响因素

1. 农业生产环境效率影响因素估计结果

在测算得到水稻种植各个地块的农业生产环境效率之后，本节利用Stata14.0软件，通过条件矩检验和辅助回归构建LM统计量，利用农户样本量数据进行回归估计，检验 Tobit 模型中扰动项的正态性和同方差性对本节构建的农业生产环境效率影响因素模型的影响。表 8 - 2 中的模型（1）、模型（2）和模型（3）为分别加入不同控制变量下的 Tobit 模型，模型（4）、模型（5）和模型（6）为分别加入不同控制变量下的 Clad 模型。总样本扰动项分布检验结果，如表 8 - 2 所示。

表 8 - 2　　　　　　　　总样本扰动项分布检验结果

样本	条件矩检验				拉格朗日（LM）检验	
	条件矩估计量（CM）	临界值			$n R_{uc}^2$	P-value
		10%	5%	1%		
模型（1）	1 854.4	5.206	7.006	10.369	12.511	0.000
模型（2）	2 049.7	4.496	6.262	11.318	48.496	0.000
模型（3）	2 029.0	4.661	5.934	11.575	40.420	0.000

资料来源：笔者利用 Stata14.0 软件计算整理而得。

结果显示，条件矩统计量远高于临界值，强烈拒绝原假设扰动项服从正态分布；辅助回归 LM 统计量较大，P-value 值远小于 0.01，说明扰动项也不服从同方差性。因此，用 Tobit 模型进行估计时的似然函数存在偏误，应当采用更加稳健的 Clad 模型代替 Tobit 模型，对水稻生产环境效率影响因素进行估计（见表 8 - 3）。

表 8 - 3　　　　　　　水稻生产环境效率影响因素估计结果

模型变量	Tobit 模型			Clad 模型		
	模型（1）	模型（2）	模型（3）	模型（4）	模型（5）	模型（6）
土地面积规模	0.153 ***	0.179 ***	0.178 ***	0.023	0.057	0.014
	(0.047)	(0.045)	(0.043)	(0.026)	(0.035)	(0.023)
土地面积规模二次项	− 0.001 ***	− 0.001 ***	− 0.001 ***	− 0.001	− 0.001	− 0.001
	(0.001)	(0.001)	(0.001)	(0.001)	(0.001)	(0.001)
劳动力投入规模	− 2.508 ***	− 2.497 ***	− 2.477 ***	− 2.614 ***	− 2.500 ***	− 2.283 ***
	(0.160)	(0.161)	(0.145)	(0.077)	(0.102)	(0.063)
资本投入规模	− 0.035 ***	− 0.054 ***	− 0.054 ***	− 0.002 ***	− 0.003 ***	− 0.003 ***
	(0.003)	(0.005)	(0.005)	(0.001)	(0.001)	(0.001)
前期农业产出规模	0.001 ***	0.001 ***	0.001 ***	0.015 ***	0.010 ***	0.012 ***
	(0.000)	(0.000)	(0.000)	(0.001)	(0.001)	(0.001)

续表

模型变量	Tobit 模型			Clad 模型		
	模型（1）	模型（2）	模型（3）	模型（4）	模型（5）	模型（6）
农药价格		-0.215***	-0.194**		0.111*	-0.0762*
		(0.071)	(0.090)		(0.065)	(0.041)
化肥价格		1.051***	1.146***		0.752***	0.608***
		(0.306)	(0.289)		(0.224)	(0.135)
劳动力价格		0.031	0.031		-0.047**	-0.045***
		(0.021)	(0.028)		(0.023)	(0.013)
土地成本		0.001***	0.001**		0.004	0.010***
		(0.000)	(0.000)		(0.004)	(0.002)
粮食价格		16.840***	16.870***		10.360***	13.770***
		(1.078)	(1.292)		(1.037)	(0.637)
商品率			0.021***			0.035***
			(0.007)			(0.0042)
补贴收入			-0.044**			0.048***
			(0.018)			(0.010)
教育程度			0.036			0.027**
			(0.032)			(0.013)
年龄			1.117***			-0.011
			(0.315)			(0.142)
常数项	9.095***	8.525***	8.489***	63.650***	45.500***	37.900***
	(0.228)	(0.202)	(0.237)	(0.728)	(1.812)	(1.336)
样本个数	4 812	4 812	4 812	4 806	4 758	4 777

注：*、**、***分别表示在10%、5%和1%的水平上显著，括号内为稳健标准误。

资料来源：笔者利用 Stata14.0 软件计算整理而得。

表 8-3 的水稻生产环境效率影响因素估计结果表明，土地面积规模一次项系数为正，土地面积规模二次项系数为负，验证了本书提出的土地面积规模与农业生产环境效率呈倒"U"型关系的研究假设。即随着土地面积规模的增加，农业生产环境效率将先上升，上升到一定程度后开始下降，并最终呈下降趋势。即土地规模化初期可能会提高农业生产环境效率，但随着过度投入农业化学品，最终将降低农业生产环境效率。

从劳动力投入规模角度来看，劳动力投入规模对农业生产环境效率有显著的负向作用。基于前述理论探讨，其主要原因在于劳动力投入规模对农业产出效率可能存在负向影响，并且，化学品投入与劳动力投入可能存在一定的要素互补关系。劳动力投入高的地方，可能更加重视农业产出，投入更多的化学养分或化学品，因而最终导致劳动力投入规模对农业生产环境效率产生负向的影响。

从资本投入规模角度来看，估计结果表明，随着资本投入的增加，农业生产环境效率相应降低。这说明，资本投入导致化学品投入或环境污染产出的增加程度大于其对农业生产率的促进作用，两方面的综合作用导致资本投入规模对农业生产环境效率有负向影响。中国农业已经由"劳动密集型"向"资本密集型"转变，资本投入规模的负向影响可能会进一步导致农业生产环境效率下降。

从前期农业产出规模角度来看，前期农业产出规模对农业生产环境效率有正向影响，即随着产出的增加，其农业生产环境效率随之提高。原因可能在于，前期产出的增加提高了农户收入，并且，该地块可能具有较高的农业生产环境效率，使农户减少农业化学品的施用，并最终导致其农业生产环境效率的提高。

表8－3汇报了控制变量的估计系数，估计结果表明，化肥价格对农业生产环境效率有正向影响，这可能是化肥价格提高导致其投入减少，从而降低了相应污染的产出。但农药的不可替代性，导致了农药价格对农业生产环境效率有负向影响，农户为了控制成本选用价格低廉但使农业生产环境效益更差的农药，导致农业生产环境效率降低。劳动力价格对农业生产环境效率有负向影响，可能是因为劳动力价格提高导致其生产率降低，变相增加了化学品投入和污染产出。土地成本对农业生产环境效率有正向影响，可能在于土地成本的提高使得农户更加关注产出的回报而减少化学品的使用。因为粮食价格上升可以显著提高农户经济效益，减少农业化学品的使用，所以，粮食价格对农业生产环境效率有正向影响。商品率对农业生产环境效率有正向影响，这说明，用于销售的产品比例提高导致

收入增加，进而增加对农业的关注度从而使得农业生产环境效率上升。补贴收入增加导致农业生产环境效率上升，这与平时的认知相符。在 Clad 模型中，教育程度和年龄对农业生产环境效率无显著影响。

2. 稳健性分析

本章分别采用替换变量、改变估计方法和分样本估计三种方式来考察回归结果的稳健性。

（1）在表8-3的模型（1）～模型（6）中，被解释变量前期农业产出规模以粮食产值来表示，本章采用替代指标粮食产量来替代粮食产值。在表8-4中，分别构建模型（7）～模型（9）（仍采用 Clad 模型，选取不同控制变量）。估计结果如表8-4所示，结果显示，各模型估计结果中的各核心变量及控制变量系数方向和显著性均未变化。

（2）本章还通过改变估计方法，采用固定效应（FE）模型和普通最小二乘法（OLS）模型（模型（10）～模型（11），见表8-4）进行估计，估计结果也无显著变化。

（3）按照水稻品种将总样本分为粳稻、早籼稻和晚籼稻三个子样本，并分别进行计量回归分析（表8-5中的模型（12）～模型（14），均采用 Clad 模型）。农业生产环境效率影响因素稳健性检验估计结果，如表8-4所示。

表8-4　　农业生产环境效率影响因素稳健性检验估计结果

模型变量	模型（7）Clad	模型（8）Clad	模型（9）Clad	模型（10）OLS	模型（11）FE
土地面积规模	0.061 **	0.063 ***	0.062 ***	0.083 **	0.366 ***
	(0.029)	(0.024)	(0.024)	(0.041)	(0.127)
土地面积规模二次项	-0.001	-0.001	-0.001	-0.001 *	-0.002 *
	(0.001)	(0.001)	(0.001)	(0.001)	(0.001)
劳动力投入规模	-2.713 ***	-2.670 ***	-2.647 ***	-2.257 ***	-3.018 ***
	(0.081)	(0.066)	(0.072)	(0.170)	(0.165)
资本投入规模	-0.004 ***	-0.004 ***	-0.004 ***	-0.003 ***	-0.004 ***
	(0.001)	(0.001)	(0.001)	(0.001)	(0.001)

模型变量	模型（7）Clad	模型（8）Clad	模型（9）Clad	模型（10）OLS	模型（11）FE
前期农业产出规模	0.042 ***	0.042 ***	0.039 ***	0.012 ***	0.004 ***
	（0.002）	（0.002）	（0.002）	（0.002）	（0.002）
农药价格		-0.117 ***	-0.254 ***	-0.044	-0.354 ***
		（0.042）	（0.047）	（0.093）	（0.107）
化肥价格		0.896 ***	0.720 ***	0.821 **	1.263 ***
		（0.149）	（0.151）	（0.332）	（0.289）
劳动力价格		0.011	0.012	-0.036	0.100 ***
		（0.015）	（0.015）	（0.027）	（0.035）
土地成本		0.020 ***	0.015 ***	0.010	0.017 **
		（0.003）	（0.003）	（0.007）	（0.008）
粮食价格		-1.409 **	0.812	11.840 ***	19.640 ***
		（0.635）	（0.713）	（1.253）	（1.226）
商品率			0.021 ***	0.032 ***	0.019 **
			（0.005）	（0.009）	（0.008）
补贴收入			0.009	0.026	-0.065 ***
			（0.012）	（0.022）	（0.024）
教育程度			0.045 ***	0.021	-0.040
			（0.014）	（0.027）	（0.142）
年龄			0.380 **	0.164	2.569 ***
			（0.164）	（0.349）	（0.538）
常数项	64.010 ***	64.440 ***	61.690 ***	41.480 ***	41.980 ***
	（0.976）	（1.262）	（1.661）	（3.174）	（7.016）
样本个数	4 758	4 777	4 806	4 812	4 812
R^2				0.222	0.258

注：*、**、***分别表示在10%、5%和1%的水平上显著，括号内为稳健标准误。

资料来源：笔者根据农产品生产成本与收益调查数据，利用 Stata14.0 软件计算整理而得。

表8-4农业生产环境效率影响因素稳健性检验估计结果表明，土地面积规模因素呈现倒"U"型关系，这一结论与刘钰鹏（2019）的研究结果一致。其他主要影响因素的影响方向在多数模型中并无变化，说明多数主要影响因素的结果较为稳健。

表8-5的分样本农业生产环境效率影响因素估计结果显示，各

子样本的估计系数与总样本相比，各核心解释变量的估计系数方向与显著性均未发生显著变化。根据以上稳健性分析可见，模型回归估计结果整体上是稳健的。在土地面积规模化初期，扩大土地耕种面积可能会使农业生产环境效率提升，但随着土地面积规模的扩大，生产效率随之下降，将导致农业生产环境效率降低。

表 8 - 5　　　　　分样本农业生产环境效率影响因素估计结果

模型变量	模型（12） （Clad 粳稻）	模型（13） （Clad 早籼稻）	模型（14） （Clad 晚籼稻）
土地面积规模	0.282 **	0.211 *	0.088
	(0.132)	(0.126)	(0.135)
土地面积规模二次项	-0.001	-0.001	-0.001
	(0.002)	(0.001)	(0.003)
劳动力投入规模	-2.856 ***	-2.453 ***	-2.058 ***
	(0.201)	(0.262)	(0.222)
资本投入规模	-0.053 ***	-0.046 ***	-0.062 ***
	(0.009)	(0.011)	(0.013)
前期农业产出规模	0.001 ***	0.001 ***	0.001 ***
	(0.000)	(0.000)	(0.000)
农药价格	-0.281	-0.406 ***	-0.582 ***
	(0.174)	(0.142)	(0.148)
化肥价格	-0.054	0.851 **	2.619 ***
	(0.377)	(0.403)	(0.479)
劳动力价格	0.026	0.128 **	0.126 **
	(0.040)	(0.052)	(0.056)
土地成本	0.001 *	-0.001	0.002 **
	(0.001)	(0.001)	(0.001)
粮食价格	16.790 ***	8.435 **	26.230 ***
	(2.105)	(3.331)	(1.838)
商品率	0.011	-0.121 ***	0.007
	(0.012)	(0.032)	(0.009)
补贴收入	-0.096 ***	0.016	-0.024
	(0.036)	(0.031)	(0.055)
教育程度	0.052	0.014	-0.010
	(0.040)	(0.041)	(0.053)
年龄	0.290	0.998 *	1.624 ***
	(0.622)	(0.571)	(0.540)
常数项	8.042 ***	8.852 ***	8.223 ***
	(0.315)	(0.326)	(0.446)

续表

模型变量	模型（12）（Clad 粳稻）	模型（13）（Clad 早籼稻）	模型（14）（Clad 晚籼稻）
样本个数	1 829	1 734	1 249
对数似然值	- 6 593.050	- 6 432.935	- 4 544.956

注：＊、＊＊、＊＊＊分别表示在 10% 、5% 和 1% 的水平上显著，括号内为稳健标准误。

资料来源：笔者根据农产品生产成本与收益调查数据，利用 Stata14.0 软件计算整理而得。

8.4.2 碳排放原则下农业生产环境效率影响因素

1. 农业生产环境效率影响因素估计结果

在测算得到水稻种植各个地块的农业生产环境效率之后，本节利用 Stata14.0 软件，通过条件矩检验和辅助回归构建 LM 统计量，利用农户样本量数据，检验 Tobit 模型中扰动项的正态性和同方差性，对本章构建的农业生产环境效率影响因素模型进行回归估计。总样本扰动项分布检验结果，如表 8 - 6 所示。表 8 - 7 中的模型（15）、模型（16）和模型（17）为分别加入不同控制变量的 Tobit 模型，表 8 - 7 中的模型（18）、模型（19）和模型（20）为分别加入不同控制变量的 Clad 模型。

表 8 - 6　　　　　　　总样本扰动项分布检验结果

样本	条件矩检验				拉格朗日（LM）检验	
	CM	临界值			$n R_{uc}^2$	P-value
		10%	5%	1%		
模型（15）	1 722	4.815	6.950	13.243	51.007	0
模型（16）	1 744.5	5.330	7.086	14.818	45.714	0
模型（17）	1 719.2	5.878	7.395	10.460	48.12	0

资料来源：笔者根据农产品生产成本与收益调查数据，利用 Stata14.0 软件计算整理而得。

结果显示，条件矩统计量远高于临界值，强烈拒绝原假设"扰动项服从正态分布"；辅助回归 LM 统计量较大，P-value 值过小，说明扰动项也不服从同方差性。因此，用 Tobit 模型进行估计时的似然函数存在偏误，应当采用更加稳健的 Clad 模型代替 Tobit 模型来对农业生产环境效率影响因素进行估计。

表 8 - 7 的水稻生产环境效率影响因素估计结果表明，土地面积规模一次项系数为正，土地面积规模二次项系数为负，同样验证了本书提出的土地面积规模与农业生产环境效率呈倒 "U" 型关系的结果十分稳健。从劳动力投入规模角度来看，劳动力投入规模对农业生产环境效率有显著的负向作用；从资本投入规模角度来看，估计结果表明资本投入规模与农业生产环境效率呈现负相关关系；从前期农业产出规模角度来看，其对农业生产环境效率有正向影响。关键变量与期望产出为氮磷盈余的结论一致。表 8 - 7 还汇报了控制变量的估计系数。估计结果也表明，与期望产出为氮磷盈余的结论一致。

表 8 - 7　　　　　水稻生产环境效率影响因素估计结果

模型变量	模型（15）Tobit	模型（16）Tobit	模型（17）Tobit	模型（18）Clad	模型（19）Clad	模型（20）Clad
土地面积规模	0.165 ***	0.201 ***	0.195 ***	0.065 **	0.099 ***	0.071 **
	(0.039)	(0.055)	(0.054)	(0.030)	(0.023)	(0.029)
（土地面积）规模^2	- 0.001 ***	- 0.001 **	- 0.001 ***	- 0.001 *	- 0.001 ***	0.001 ***
	(0.000)	(0.000)	(0.000)	(0.000)	(0.000)	(0.001)
劳动力投入规模	- 2.459 ***	- 2.393 ***	- 2.365 ***	- 2.548 ***	- 2.529 ***	- 2.029 ***
	(0.149)	(0.136)	(0.151)	(0.082)	(0.063)	(0.078)
资本投入规模	- 0.002 ***	- 0.004 ***	- 0.004 ***	- 0.002 ***	- 0.003 ***	- 0.003 ***
	(0.001)	(0.001)	(0.001)	(0.001)	(0.001)	(0.001)
L. 前期农业产出规模	0.015 ***	0.006 ***	0.005 ***	0.013 ***	0.006 ***	0.009 ***
	(0.001)	(0.001)	(0.001)	(0.001)	(0.001)	(0.001)
农药价格		- 0.137 **	- 0.105		0.135 ***	0.126 **
		(0.065)	(0.071)		(0.040)	(0.051)
化肥价格		1.071 ***	1.175 ***		1.011 ***	0.715 ***
		(0.268)	(0.234)		(0.135)	(0.167)
劳动力价格		0.037 *	0.038 *		- 0.042 ***	- 0.064 ***
		(0.022)	(0.022)		(0.014)	(0.017)
土地成本		0.012 **	0.012 **		0.001	- 0.002
		(0.005)	(0.005)		(0.003)	(0.003)
粮食价格		18.640 ***	18.640 ***		13.910 ***	13.670 ***
		(0.958)	(1.059)		(0.649)	(0.810)

模型变量	模型（15）Tobit	模型（16）Tobit	模型（17）Tobit	模型（18）Clad	模型（19）Clad	模型（20）Clad
商品率			0.025 ***			0.036 ***
			(0.007)			(0.005)
补贴收入			-0.050 ***			0.040 ***
			(0.017)			(0.013)
教育程度			1.277 ***			0.270
			(0.370)			(0.180)
年龄			0.025			0.013
			(0.031)			(0.016)
常数项	62.790 ***	37.890 ***	31.850 ***	61.940 ***	38.230 ***	32.280 ***
	(1.399)	(2.377)	(3.216)	(0.780)	(1.101)	(1.697)
样本个数	4 812	4 812	4 812	4 875	4 859	4 814

注：*、**、*** 分别表示在10%、5%和1%的水平上显著，括号内为稳健标准误。

资料来源：笔者根据农产品生产成本与收益调查数据，利用Stata14.0软件计算整理而得。

2. 稳健性分析

本节同理分别采用替换变量、改变估计方法和分样本估计三种方式来分别考察回归结果的稳健性。

（1）在表8-8中的模型（21）~模型（23）中，被解释变量前期农业产出规模以粮食产值来表示（仍采用Clad模型，选取不同控制变量）。水稻生产环境效率影响因素估计结果，如表8-8所示，农业生产环境效率影响因素估计结果显示，各模型估计结果中，各核心变量及控制变量系数方向和显著性均未变化。

（2）本章还通过改变估计方法，采用固定效应（FE）模型和普通最小二乘法（OLS）模型（表8-8中的模型（24）~模型（25））进行估计，主要影响因素估计结果也无显著变化。

（3）按照水稻品种将总样本分为粳稻、早籼稻和晚籼稻三个子样本，并分别进行计量回归分析（表8-9中的模型（26）~模型（28），均采用Clad模型），各品种水稻生产环境效率影响因素估计结果，如表8-9所示。

表 8 - 8　　　　　　　　水稻生产环境效率影响因素估计结果

模型变量	模型（21）Clad	模型（22）Clad	模型（23）Clad	模型（24）OLS	模型（25）固定
土地面积规模	0. 120 ***	0. 082 ***	0. 011	0. 084 **	0. 316 ***
	（0. 028）	（0. 022）	（0. 024）	（0. 038）	（0. 106）
土地面积规模^2	− 0. 001 **	− 0. 001 *	0. 001	− 0. 001 *	− 0. 002 **
	（0. 001）	（0. 001）	（0. 001）	（0. 001）	（0. 001）
总劳动天数	− 2. 749 ***	− 2. 730 ***	− 2. 576 ***	− 2. 661 ***	− 3. 320 ***
	（0. 078）	（0. 063）	（0. 073）	（0. 159）	（0. 153）
资本投入规模	− 0. 003 ***	− 0. 003 ***	− 0. 003 ***	− 0. 004 ***	− 0. 004 ***
	（0. 001）	（0. 001）	（0. 001）	（0. 001）	（0. 001）
L. 粮食产值	0. 036 ***	0. 035 ***	0. 038 ***	0. 039 ***	0. 005
	（0. 002）	（0. 002）	（0. 002）	（0. 004）	（0. 003）
农药价格		− 0. 252 ***	− 0. 185 ***	− 0. 139 *	− 0. 384 ***
		（0. 040）	（0. 048）	（0. 072）	（0. 090）
化肥价格		1. 288 ***	1. 080 ***	1. 433 ***	1. 682 ***
		（0. 140）	（0. 160）	（0. 275）	（0. 240）
劳动力价格		0. 018	0. 027 *	0. 027	0. 130 ***
		（0. 014）	（0. 016）	（0. 023）	（0. 031）
土地成本		0. 005 *	0. 006 **	0. 011 **	0. 019 ***
		（0. 003）	（0. 003）	（0. 006）	（0. 007）
粮食价格		− 0. 740	− 0. 505	− 2. 652 **	1. 509
		（0. 608）	（0. 717）	（1. 046）	（0. 981）
商品率			0. 011 **	0. 015 **	0. 019 ***
			（0. 005）	（0. 007）	（0. 008）
补贴收入			0. 006	0. 018	− 0. 051 **
			（0. 012）	（0. 018）	（0. 022）
教育程度			− 0. 019	0. 663 **	2. 545 ***
			（0. 172）	（0. 285）	（0. 591）
年龄			− 0. 002	0. 025	− 0. 011
			（0. 015）	（0. 022）	（0. 134）
常数项	65. 850 ***	66. 340 ***	62. 990 ***	63. 140 ***	76. 240 ***
	（0. 932）	（1. 203）	（1. 699）	（3. 249）	（6. 541）
样本个数	4 831	4 848	4 775	4 812	4 812
R^2				0. 303	0. 305

注：* 、** 、*** 分别表示在10% 、5% 和1% 的水平上显著，括号内为稳健标准误差。

资料来源：笔者根据农产品生产成本与收益调查数据，利用 Stata14. 0 软件计算整理而得。

表8-9　　　　各品种水稻生产环境效率影响因素估计结果

模型变量	模型（26）粳稻	模型（27）早籼稻	模型（28）晚籼稻
土地面积规模	0.069 **	-0.044	0.060 **
	(0.035)	(0.037)	(0.030)
（土地面积）规模2	-0.001 *	0.001	0.001
	(0.001)	(0.001)	(0.001)
劳动力投入规模	-2.396 ***	-2.661 ***	-1.731 ***
	(0.090)	(0.089)	(0.108)
资本投入规模	-0.002 ***	-0.003 ***	-0.003 ***
	(0.001)	(0.001)	(0.001)
L. 前期农业产出规模	0.015 ***	0.009 ***	0.012 ***
	(0.001)	(0.001)	(0.001)
农药价格	-0.077	-0.326 ***	-0.303 ***
	(0.076)	(0.069)	(0.072)
化肥价格	0.666 ***	1.261 ***	2.036 ***
	(0.181)	(0.195)	(0.200)
劳动力价格	-0.003	0.094 ***	-0.089 ***
	(0.018)	(0.021)	(0.026)
土地成本	-0.007 **	-0.015 ***	0.013 **
	(0.003)	(0.005)	(0.006)
粮食价格	14.940 ***	13.030 ***	25.370 ***
	(0.872)	(1.600)	(0.919)
商品率	0.027 ***	-0.107 ***	-0.004
	(0.005)	(0.011)	(0.006)
补贴收入	-0.024	0.001	-0.038
	(0.018)	(0.015)	(0.028)
教育程度	0.325 *	-0.339	1.147 ***
	(0.188)	(0.206)	(0.220)
年龄	0.033 **	-0.008	-0.048 **
	(0.016)	(0.019)	(0.019)
常数项	24.680 ***	60.700 ***	18.220 ***
	(1.813)	(2.462)	(1.994)
样本个数	1 853	1 724	1 259

注：*、**、***分别表示在10%、5%和1%的水平上显著，括号内为稳健标准误。

资料来源：笔者根据农产品生产成本与收益调查数据，利用Stata14.0软件计算整理而得。

各子样本的估计系数与总样本相比，在各主要解释变量的估计系数方向与显著性上，粳稻样本和晚籼稻样本并未发生显著变化。根据以上稳健性分析可见，模型回归估计结果整体上是稳健的。

8.5　本章小结

本章基于第 6 章测算的农户层面的农业生产环境效率，利用 2004 ~ 2016 年浙江省水稻种植户的微观面板数据，实证分析农业经营规模、社会经济因素和政策措施等对农业生产环境效率的影响，主要结论有如下四点。

第一，土地面积规模不是唯一影响规模化农业生产环境效率的核心要素。农业经营规模化发展将不仅通过土地面积规模的变化影响农业生产环境效率，还可能通过劳动力投入规模、资本投入规模以及前期农业产出规模等投入产出规模变量的变化，对农业生产环境效率产生不同渠道、不同方向的影响。其中，土地面积规模与农业生产环境效率之间呈倒"U"型关系，即随着土地面积规模增加农业生产环境效率值变大，而农业生产规模达到一定程度后农业生产环境效率值减小。

第二，劳动力投入规模对农业生产环境效率有显著的负向作用。在不同品种的水稻种植中，劳动力投入规模对农业生产环境效率的影响差别不大。基于前述理论探讨，劳动力投入规模对农业生产环境效率的负向影响，可能主要在于劳动力投入规模对农业产出效率可能存在负向影响，并且，劳动力投入与化学品投入之间可能存在一定的要素互补关系（劳动力投入高的地方，也可能更加重视农业产出，投入更多的化学养分或化学品），因而最终导致劳动力投入规模对农业生产环境效率产生负向影响。在当前农业劳动力转移的背景下，一定土地上平均劳动力使用的减少，将会提高农业生产环境效率。

第三，资本投入规模对农业生产环境效率是把"双刃剑"。资本投入的增加既能促进农业生产率的增长，同时，也使得化学品投入（或环境污染产出）相应增长。估计结果显示，资本投入规模的影响系数为负值，说明资本投入导致化学品投入（或环境污染产出）的增加程度大于其对农业生产率的促进作用，两方面的综合作用导致资本投入规模对农业生产环境效率造成负向影响。中国农业发展已经由劳动密集型阶段逐步向资本密集型阶段转变，农业资本投入规模的逐渐增加，可能进一步导致农业生产环境效率下降。

第四，前期农业产出规模对农业生产环境效率有正向影响，即随着前期农业产出的增加，农业生产环境效率提高。因为特定地块产量较为稳定，所以，这种正向影响更可能来自农业产值的增加，提高了农户收入，而收入的提高将促使农民采取更为环境友好型的种植方式，减少化学品的使用；或者是产出较高的地块可能具有较高的农业生产环境效率，这将促使农户减少农用化学品的施用，从而最终导致其农业生产环境效率的提高。因而，稳定农业生产、提高农业生产率、增加农民收入，将会对农业生产环境效率的提升有可持续性的、积极的影响。

第9章 研究结论与政策启示

本书在对中外文文献进行系统分析与梳理的基础上，首先，对中国不同农业经营主体及化学品施用情况进行趋势分析与对比分析，明晰本书的现实背景；其次，从投入产出双重角度来综合研究不同农业经营规模要素对农用化学品施用情况及农业生产环境效率的影响；再次，在系统梳理农业生产环境效率相关理论与评估方法的基础上，分别从省级层面和农户层面对农作物生产经营的环境效率和 Malmquist-Luenberger 指数进行测算评估；最后，分别利用农业生产的省级面板数据和农户面板数据，实证分析农业经营规模化发展对农业生产环境效率的影响。本章将对本书的主要研究结论进行总结，并提出相应的政策启示。

9.1 研究结论

第一，2000~2018 年中国农业经营主体数量呈不断上升态势，农业规模化经营已成为大势所趋，但中国的不同区域或中国的 31 个省区市间发展的差异仍然较大。此外，近年来中国农用化学品施用量和施用强度均呈现负增长，且下降幅度逐年增加，但各省区市之间仍存在较大差异，其中，粮食主产区省（区、市）的农用化学品施用强度普遍高于其他省（区、市），地区不均衡现象较为突出。

第二，农户化学品投入行为存在一定惯性，并且，不同农业经营规模要素对其化学品投入的影响机制各不相同。其中，土地面积规模的扩大会促进技术的扩散和释放，从而带来化学品投入的减少，并且，对农药施用的影响更具一致性；劳动力投入规模的减少，会带来化学品投入替代性的增加；资本投入规模扩大对化学品投入具有拉动作用；而前期农业产出规模及相应收入增加所带来的农户环保型行为和投资性行为的双向作用，会对各类品种农作物的化学品施用带来不同影响，导致前期农业产出规模对化学品施用的影响存在不确定性。

第三，农户的农业生产环境效率还存在较大的提升空间。以氮磷物质平衡方式和碳排放方式衡量的浙江省水稻作物总体及各品种水稻作物种植的环境效率整体水平均较低，表明农业生产环境效率还有较大提升空间。此外，基于碳排放作为非期望产出分解和基于氮磷盈余作为非期望产出分解的研究结果，技术进步与全要素生产率波动趋势大致相同。这表明，技术效率增长在一定程度上可以改善低水平技术效率所带来的负增长情况。

第四，中国农业生产环境效率的地区差异较为明显，整体波动、稳中有升。其中，东部地区的农业生产环境效率水平处于全国均值之上，而中西部地区均低于全国平均水平。从效率测度结果来看，以碳排放为非期望产出情形下的农业生产环境效率整体呈东高西低，有逐渐上升的趋势。此外，中国农业生产经营的 Malmquist-Luenberger 指数不断上升，但波动性明显，并且与技术效率变化相比，技术变化更能推动中国农业全要素生产率的提高，即中国农业生产环境效率增长的动力来源于技术变化，属于技术推动型增长模式。

第五，农业经营的规模化发展，不仅通过土地面积规模来影响农业生产环境效率，还会通过劳动力投入规模、资本投入规模以及前期农业产出规模等投入产出规模性变量的变化，对农业生产环境效率产生不同渠道、不同方向的影响。其中，土地面积规模与农业生产环境效率之间呈倒"U"型关系，即随着土地面积规模的增加，农业生产环境效率值呈先增后减趋势，适度的土地面积规模有利于农业生产环境效率的提高；劳动力投入规模对农业产出效率可能存在负向影响，并且，劳动力投入规模与化学品投入之间可能存在着一定的要素互补关系，导致劳动力投入规模对农业生产环境效率有显著的负向影响。资本投入规模对农业生产环境效率而言是一把"双刃剑"，其既能促进农业生产率的增长，也使得化学品投入（或环境污染产出）相应增长。综合来看，资本投入规模对农业生产环境效率产生负向影响，农业产出规模通过收入效应和环保型的生产行为对农业生产环境效率产生影响，综合来看，农业产出规模对农业生产环境效率有正向影响，即随着产出增加，农业生产环境效率随之提高。

9.2 政策启示

基于本书的研究分析和主要结论，为推进农业规模化经营与农业生态环境保护的协调发展，提升农业规模化经营的环境效率并降低其环境影响，现提出以下五点政策启示。

第一，改善农户化学品施用行为习惯，增强其安全施用意识。农户的化学品施用行为具有一定的惯性，为提高其安全施用意识和化学品的利用效率，当前，应继续加强对规模化经营农户的化学品施用知识和技术的培训，促进科学、成熟的施肥施药技术的推广，逐步改善农户的化学品施用习惯。在此基础上，应积极倡导开展农用化学品施用新技术的研究和示范，增强农户的环保经营意识，降低其化学品施用强度，提高化学品利用效率。

第二，健全土地流转制度，推进土地适度规模化经营。在综合考虑其他投入规模因素和产出规模因素影响的情况下，土地面积规模的扩张将对农业化学品的投入产生负向影响，并且，土地面积规模与农业生产环境效率之间存在倒"U"型关系。因此，当前应继续推进土地适度规模化经营，因地制宜地开展多种形式的专业化规模经营，转变分散化的土地流转形式，鼓励地块整合与连片化流转，积极引导规整化的土地置换与整合，以改善地块层面的规模经济性，从而实现农用化学品的减量施用和农业生产环境效率的进一步提升。

第三，鼓励规模化经营农户采用劳动节约型生产技术和生产设备，提升农业生产效率和农业生产环境效率。在当前农业劳动力不断转移的背景下，劳动力相对价格的变动激励了农户要素投入结构的调整，在一定面积土地上平均劳动力投入规模的减少将会导致农户化学品投入的增加和农业生产环境效率的提高。因此，应鼓励农户采用劳动力节约型生产设备和生产技术，加大农业生产设备的科研力度与推广支持力度，促进农机新技术的应用和推广。此外，还应加强规模化经营农户的知识技术培训，提高农业从业人员的人力资本水平，从而降低农业生产的劳动成本，提升劳动效率。

第四，合理引导农业资本投向，促进化学品投入减量增效。资本投入规模的增加，会带来农用化学品施用强度的提升和农业生产环境效率的降低。因此，为促进农用化学品投入的减量增效，当前，应合理引导规模化经营农户的农业资本投向，鼓励其采用先进的施肥施药技术和方法，并加强农业规模化生产及先进农业技术的应用，积极引导农户转向应用提高化学品使用效率的技术设备和减少化学品施用的种植方式，促使农户减少化学品施用上的直接投资，促进农业物质资本深化，降低因劳动力投入减少和资本投入增加而对农业生产生态环境带来的压力。

第五，保障粮食产出效益，提高农业生产环境效率。农业产出规模的增加、农户收入水平的增长和生产效率的提高，将会对农业生产环境效率的提升产生积极的、可持续性的影响。因此，提高农业产出、农民收入和农业生产率，将是推进农业规模化经营可持续发展的重要渠道。当前，应在保障农业最低收购价稳定的基础上，给予规模化农业经营户一定的信贷支持和资金支持，并加强市场监管，保障农产品价格的稳定，提高农户的生产积极性。此外，农业技术部门应加大对农户农业生产技术的培训力度和推广力度，提高农业生产技术水平和农业生产率，从而提升农业生产的经济效益和农业生产环境效率。

附录

附表1　2001~2016年中国的31个省区市农业生产环境效率均值

省区市	2001年	2002年	2003年	2004年	2005年	2006年	2007年	2008年	2009年	2010年	2011年	2012年	2013年	2014年	2015年	2016年	均值
北京	0.540	0.580	0.610	1.000	0.690	0.650	0.660	0.690	0.670	0.730	0.770	0.840	0.900	1.000	1.000	1.000	0.770
天津	0.420	0.420	0.510	0.480	0.480	0.500	0.460	0.460	0.460	0.500	0.540	0.570	0.620	0.690	1.000	1.000	0.570
河北	0.300	0.310	0.290	0.320	0.350	0.370	0.390	0.430	0.450	0.500	0.570	0.600	0.640	0.670	0.660	0.700	0.470
山西	0.190	0.220	0.230	0.230	0.240	0.240	0.230	0.240	0.300	0.380	0.410	0.430	0.460	0.480	0.480	0.510	0.330
内蒙古	0.350	0.360	0.360	0.370	0.400	0.420	0.440	0.460	0.480	0.490	0.570	0.580	0.600	0.600	0.580	0.580	0.480
辽宁	0.400	0.430	0.420	0.490	0.500	0.530	0.570	0.600	0.610	0.650	0.750	0.810	0.840	0.850	1.000	1.000	0.650
吉林	0.340	0.360	0.370	0.400	0.420	0.430	0.460	0.480	0.520	0.510	0.540	0.570	0.600	0.600	0.620	0.560	0.490
黑龙江	0.270	0.290	0.310	0.320	0.360	0.360	0.370	0.440	0.470	0.470	0.520	0.610	0.700	0.760	0.770	0.760	0.490
上海	0.580	0.660	1.000	1.000	0.890	0.900	0.920	1.000	1.000	0.940	1.000	1.000	1.000	1.000	0.890	1.000	0.920
江苏	0.420	0.430	0.380	0.440	0.470	0.490	0.520	0.560	0.610	0.660	0.750	0.820	0.860	0.880	1.000	1.000	0.640
浙江	0.350	0.350	0.340	0.370	0.380	0.410	0.420	0.430	0.460	0.510	0.580	0.620	0.640	0.680	0.800	1.000	0.520
安徽	0.270	0.280	0.260	0.270	0.300	0.300	0.320	0.350	0.380	0.350	0.430	0.460	0.490	0.510	0.540	0.560	0.380
福建	0.450	0.430	0.420	0.460	0.460	0.470	0.490	0.520	0.540	0.590	0.660	0.720	0.780	0.830	0.900	1.000	0.610

续表

省区市	2001年	2002年	2003年	2004年	2005年	2006年	2007年	2008年	2009年	2010年	2011年	2012年	2013年	2014年	2015年	2016年	均值
江西	0.390	0.380	0.360	0.350	0.380	0.380	0.400	0.410	0.430	0.430	0.460	0.490	0.580	0.600	0.660	0.730	0.460
山东	0.280	0.280	0.300	0.340	0.370	0.380	0.410	0.460	0.510	0.540	0.640	0.680	0.720	0.880	1.000	1.000	0.550
河南	0.310	0.310	0.290	0.300	0.370	0.400	0.410	0.440	0.480	0.530	0.640	0.640	0.750	0.840	1.000	1.000	0.540
湖北	0.330	0.340	0.350	0.400	0.320	0.410	0.430	0.480	0.500	0.530	0.610	0.570	0.710	0.730	0.780	1.000	0.540
湖南	0.350	0.350	0.340	0.370	0.410	0.420	0.450	0.510	0.520	0.570	0.680	0.740	0.770	0.770	0.890	1.000	0.570
广东	0.480	0.500	0.500	0.520	0.590	0.650	0.660	0.670	0.670	0.690	0.740	0.780	0.820	0.850	0.900	1.000	0.690
广西	0.350	0.360	0.370	0.400	0.440	0.480	0.530	0.550	0.560	0.560	0.620	0.660	0.670	0.690	0.730	0.770	0.550
海南	1.000	1.000	0.910	1.000	0.780	0.670	0.600	0.640	0.690	0.760	0.810	0.830	0.820	0.840	0.860	1.000	0.830
重庆	0.360	0.360	0.350	0.380	0.410	0.410	0.400	0.430	0.450	0.480	0.540	0.590	0.620	0.650	0.740	0.860	0.500
四川	0.370	0.390	0.390	0.430	0.460	0.470	0.570	0.630	0.570	0.620	0.700	0.780	0.810	0.830	0.920	1.000	0.620
贵州	0.420	0.400	0.380	0.390	0.390	0.390	0.390	0.390	0.420	0.440	0.430	0.480	0.550	0.640	0.900	1.000	0.500
云南	0.270	0.280	0.260	0.280	0.300	0.320	0.330	0.340	0.350	0.350	0.370	0.410	0.450	0.480	0.510	0.530	0.360
西藏	1.000	1.000	1.000	1.000	0.880	1.000	1.000	0.930	1.000	0.870	0.830	1.000	0.800	0.870	1.000	1.000	0.950
陕西	0.320	0.340	0.320	0.350	0.390	0.420	0.450	0.510	0.520	0.570	0.680	0.770	0.840	0.910	0.940	1.000	0.580
甘肃	0.220	0.220	0.230	0.230	0.250	0.260	0.270	0.280	0.300	0.320	0.350	0.350	0.390	0.410	0.430	0.460	0.310
青海	0.440	0.440	0.550	0.500	0.510	0.530	0.630	0.720	0.630	0.660	0.670	0.730	0.900	1.000	0.860	1.000	0.680
宁夏	0.320	0.320	0.340	0.370	0.390	0.400	0.400	0.420	0.420	0.440	0.480	0.510	0.540	0.590	0.660	0.680	0.460
新疆	0.330	0.350	0.390	0.440	0.440	0.450	0.480	0.480	0.510	0.680	0.700	0.720	1.000	0.700	0.800	0.770	0.580
全国	0.400	0.410	0.420	0.460	0.450	0.470	0.490	0.520	0.530	0.560	0.610	0.660	0.710	0.740	0.800	0.850	0.570

附表 2

中国农业全要素生产率变化指数

省区市	2001~2002年	2002~2003年	2003~2004年	2004~2005年	2005~2006年	2006~2007年	2007~2008年	2008~2009年	2009~2010年	2010~2011年	2011~2012年	2012~2013年	2013~2014年	2014~2015年	2015~2016年	均值
安徽	1.034	0.932	1.023	1.098	1.004	1.074	1.112	1.070	0.934	1.227	1.060	1.057	1.055	1.047	1.038	1.051
北京	1.064	1.051	1.649	0.690	0.942	1.022	1.032	0.971	1.102	1.056	1.089	1.069	1.110	1.000	1.000	1.056
福建	0.956	0.974	1.079	1.016	1.011	1.047	1.061	1.044	1.085	1.124	1.094	1.078	1.060	1.093	1.107	1.055
甘肃	0.985	1.033	1.033	1.066	1.044	1.018	1.059	1.078	1.060	1.086	1.047	1.070	1.041	1.067	1.070	1.050
广东	1.047	0.993	1.049	1.133	1.092	1.022	1.007	1.006	1.033	1.061	1.066	1.045	1.035	1.065	1.107	1.051
广西	1.007	1.042	1.086	1.088	1.104	1.092	1.045	1.013	1.004	1.098	1.070	1.021	1.024	1.061	1.049	1.054
贵州	0.960	0.939	1.024	1.001	1.001	0.998	1.011	1.067	1.059	0.981	1.098	1.149	1.169	1.418	1.105	1.065
海南	1.000	0.907	1.102	0.783	0.862	0.892	1.064	1.082	1.093	1.066	1.024	0.985	1.026	1.031	1.159	1.005
河北	1.010	0.958	1.097	1.075	1.073	1.039	1.101	1.058	1.101	1.145	1.065	1.058	1.053	0.986	1.060	1.059
河南	1.014	0.924	1.049	1.231	1.069	1.030	1.090	1.084	1.092	1.222	0.992	1.174	1.121	1.194	1.000	1.086
黑龙江	1.075	1.050	1.054	1.096	1.011	1.021	1.205	1.061	0.993	1.116	1.165	1.153	1.087	1.017	0.988	1.073
湖北	1.032	1.016	1.153	0.814	1.268	1.054	1.104	1.049	1.055	1.144	1.105	1.055	1.038	1.070	1.275	1.082
湖南	0.989	0.967	1.087	1.104	1.030	1.081	1.137	1.018	1.082	1.196	1.088	1.039	1.011	1.151	1.123	1.073
吉林	1.059	1.035	1.070	1.070	1.020	1.073	1.045	1.068	0.990	1.065	1.055	1.046	1.001	1.030	0.911	1.036
江苏	1.041	0.889	1.133	1.076	1.036	1.074	1.083	1.073	1.090	1.131	1.095	1.049	1.031	1.130	1.000	1.062
江西	0.981	0.942	0.987	1.065	0.998	1.073	1.025	1.037	1.012	1.051	1.075	1.185	1.037	1.093	1.109	1.045

续表

省区市	2001~2002年	2002~2003年	2003~2004年	2004~2005年	2005~2006年	2006~2007年	2007~2008年	2008~2009年	2009~2010年	2010~2011年	2011~2012年	2012~2013年	2013~2014年	2014~2015年	2015~2016年	均值
辽宁	1.052	0.984	1.169	1.018	1.061	1.077	1.053	1.014	1.071	1.147	1.092	1.033	1.007	1.181	1.000	1.064
内蒙古	1.033	0.990	1.049	1.060	1.051	1.057	1.049	1.031	1.032	1.159	1.023	1.035	1.003	0.967	0.994	1.035
宁夏	1.024	1.061	1.066	1.056	1.038	1.003	1.040	0.997	1.051	1.090	1.056	1.072	1.080	1.118	1.043	1.053
青海	1.002	1.247	0.906	1.035	1.024	1.189	1.151	0.874	1.052	1.018	1.173	1.139	1.109	0.858	1.165	1.063
山东	1.008	1.064	1.131	1.100	1.027	1.090	1.120	1.101	1.066	1.182	1.064	1.060	1.219	1.137	1.000	1.091
山西	1.139	1.042	1.028	1.035	0.990	0.958	1.038	1.267	1.264	1.073	1.049	1.066	1.045	1.008	1.059	1.071
陕西	1.088	0.944	1.078	1.106	1.093	1.071	1.131	1.012	1.104	1.188	1.137	1.090	1.080	1.032	1.069	1.081
上海	1.141	1.508	1.000	0.891	1.014	1.016	1.090	1.000	0.944	1.059	1.000	1.000	1.000	0.893	1.119	1.045
四川	1.067	1.009	1.103	1.069	1.006	1.212	1.114	0.909	1.081	1.137	1.101	1.039	1.027	1.108	1.090	1.071
天津	1.005	1.208	0.948	0.995	1.038	0.923	1.005	1.004	1.083	1.071	1.060	1.088	1.105	1.456	1.000	1.066
西藏	1.000	1.000	1.000	0.878	1.140	1.000	0.926	1.079	0.870	0.959	1.199	0.805	1.076	1.155	1.000	1.006
新疆	1.070	1.120	1.103	1.010	1.017	1.069	1.008	1.061	1.331	1.035	1.110	1.280	0.695	1.150	0.960	1.068
云南	1.011	0.948	1.068	1.062	1.072	1.037	1.013	1.055	0.978	1.067	1.093	1.119	1.068	1.049	1.037	1.045
浙江	1.008	0.977	1.063	1.053	1.059	1.039	1.010	1.074	1.116	1.136	1.060	1.044	1.048	1.180	1.255	1.075
重庆	1.002	0.997	1.080	1.078	0.990	0.968	1.100	1.044	1.053	1.123	1.101	1.052	1.041	1.140	1.160	1.062
均值	1.029	1.024	1.080	1.027	1.038	1.043	1.065	1.042	1.061	1.104	1.081	1.069	1.048	1.093	1.066	1.058

附表 3

中国农业技术效率变化指数

省区市	2001~2002年	2002~2003年	2003~2004年	2004~2005年	2005~2006年	2006~2007年	2007~2008年	2008~2009年	2009~2010年	2010~2011年	2011~2012年	2012~2013年	2013~2014年	2014~2015年	2015~2016年	均值
安徽	0.948	0.926	0.969	0.961	0.920	1.064	1.052	1.050	0.942	1.100	0.989	0.995	1.014	0.927	0.984	0.989
北京	1.000	1.000	1.000	1.000	1.000	1.000	1.000	1.000	1.000	1.000	1.000	1.000	1.000	1.000	1.000	1.000
福建	1.000	1.000	1.000	1.000	1.000	1.000	1.000	1.000	1.000	1.000	1.000	1.000	1.000	1.000	1.000	1.000
甘肃	0.962	1.049	0.929	0.980	0.987	0.944	1.032	1.033	0.977	0.980	0.950	1.060	0.990	0.982	0.941	0.986
广东	1.000	1.000	1.000	1.000	1.000	1.000	1.000	1.000	1.000	1.000	1.000	1.000	1.000	1.000	1.000	1.000
广西	0.982	1.074	1.499	0.788	1.077	1.179	1.000	1.000	1.000	1.000	1.000	1.000	1.000	0.806	0.952	1.024
贵州	1.000	1.000	1.000	1.000	1.000	1.000	1.000	1.000	1.000	1.000	1.000	1.000	1.000	1.000	1.000	1.000
海南	1.000	1.000	1.000	1.000	1.000	1.000	1.000	1.000	1.000	1.000	1.000	1.000	1.000	1.000	1.000	1.000
河北	1.000	1.000	1.000	1.000	1.000	1.000	1.000	1.000	1.000	1.000	1.000	1.000	1.000	0.666	1.057	0.982
河南	1.000	1.000	1.000	1.000	1.000	1.000	1.000	1.000	1.000	1.000	1.000	1.000	1.000	1.000	1.000	1.000
黑龙江	0.973	1.121	0.872	1.106	0.844	1.060	1.207	1.012	0.909	1.012	1.064	1.332	1.000	0.787	0.970	1.018
湖北	0.940	1.061	1.113	0.691	1.195	1.044	1.066	1.054	1.007	1.092	1.171	1.000	1.000	0.885	1.130	1.030
湖南	1.000	1.000	1.000	1.000	1.000	1.000	1.000	1.000	1.000	1.000	1.000	1.000	1.000	1.000	1.000	1.000
吉林	1.039	1.056	1.000	1.000	0.878	1.049	0.921	1.038	0.870	0.945	0.965	0.998	0.966	0.927	0.909	0.971
江苏	1.000	1.000	1.000	1.000	1.000	1.000	1.000	1.000	1.000	1.000	1.000	1.000	1.000	1.000	1.000	1.000
江西	1.000	1.000	0.867	1.153	0.716	1.085	0.932	0.999	0.956	0.953	0.990	1.101	1.007	1.031	0.981	0.985

续表

省区市	2001~2002年	2002~2003年	2003~2004年	2004~2005年	2005~2006年	2006~2007年	2007~2008年	2008~2009年	2009~2010年	2010~2011年	2011~2012年	2012~2013年	2013~2014年	2014~2015年	2015~2016年	均值
辽宁	1.000	1.000	1.000	1.000	1.000	1.000	1.000	1.000	1.000	1.000	1.000	1.000	1.000	1.000	1.000	1.000
内蒙古	1.000	1.000	1.000	1.000	1.000	0.659	1.000	1.000	1.000	1.000	0.782	0.962	0.944	0.850	0.965	0.967
宁夏	2.147	0.589	1.036	1.639	1.000	0.659	1.518	1.000	0.730	0.958	0.949	1.012	0.995	1.117	0.952	1.087
青海	2.264	0.548	1.195	1.129	1.091	1.239	1.000	1.000	1.000	1.000	1.000	1.000	1.000	1.000	1.000	1.098
山东	1.000	1.000	1.000	1.000	1.000	1.000	1.000	1.000	1.000	1.000	1.000	1.000	1.000	1.000	1.000	1.000
山西	1.228	1.067	1.089	1.003	0.984	0.941	1.015	1.244	1.202	0.992	0.950	1.014	1.011	0.875	0.973	1.039
陕西	1.000	1.000	1.000	1.000	1.000	1.000	1.000	1.000	1.000	1.000	1.000	1.000	1.000	1.000	1.000	1.000
上海	1.000	1.000	1.000	1.000	1.000	1.000	1.000	1.000	1.000	1.000	1.000	1.000	1.000	1.000	1.000	1.000
四川	1.000	1.000	1.000	1.000	1.000	1.000	1.000	1.000	1.000	1.000	1.000	1.000	1.000	1.000	1.000	1.000
天津	1.000	1.000	1.000	1.000	1.000	1.000	1.000	1.000	1.000	0.765	0.934	1.018	0.989	1.390	1.000	1.006
西藏	1.000	1.000	1.000	1.000	1.000	1.000	1.000	1.000	1.000	1.000	1.000	1.000	1.000	1.000	1.000	1.000
新疆	1.000	1.000	1.000	1.000	1.000	1.000	1.000	1.000	1.000	1.000	1.000	1.000	1.000	1.000	0.770	0.985
云南	0.958	0.919	0.990	0.995	1.051	0.981	0.923	1.012	0.917	0.971	0.994	1.082	1.042	0.947	0.915	0.980
浙江	1.000	1.000	1.000	1.000	1.000	1.000	1.000	1.000	1.000	1.000	1.000	1.000	1.000	1.000	1.000	1.000
重庆	1.113	0.961	1.036	1.021	0.945	0.935	1.044	1.007	0.991	1.040	1.017	1.005	1.004	1.015	1.048	1.012
均值	1.082	0.980	1.019	1.015	0.990	1.006	1.023	1.014	0.984	0.994	0.992	1.019	0.999	0.974	0.985	1.005

附表 4

中国农业技术变化指数

省区市	2001~2002年	2002~2003年	2003~2004年	2004~2005年	2005~2006年	2006~2007年	2007~2008年	2008~2009年	2009~2010年	2010~2011年	2011~2012年	2012~2013年	2013~2014年	2014~2015年	2015~2016年	均值
安徽	1.090	1.007	1.055	1.142	1.090	1.009	1.057	1.019	0.992	1.116	1.072	1.062	1.040	1.129	1.054	1.063
北京	1.064	1.051	1.649	0.690	0.942	1.022	1.032	0.971	1.102	1.056	1.089	1.069	1.110	1.000	1.000	1.056
福建	0.956	0.974	1.079	1.016	1.011	1.047	1.061	1.044	1.085	1.124	1.094	1.078	1.060	1.093	1.107	1.055
甘肃	1.024	0.984	1.112	1.088	1.058	1.078	1.026	1.044	1.085	1.108	1.103	1.010	1.052	1.087	1.137	1.066
广东	1.047	0.993	1.049	1.133	1.092	1.022	1.007	1.006	1.033	1.061	1.066	1.045	1.035	1.065	1.107	1.051
广西	1.025	0.970	0.724	1.381	1.025	0.926	1.045	1.013	1.004	1.098	1.070	1.021	1.024	1.315	1.102	1.050
贵州	0.960	0.939	1.024	1.001	1.001	0.998	1.011	1.067	1.059	0.981	1.098	1.149	1.169	1.418	1.105	1.065
海南	1.000	0.907	1.102	0.783	0.862	0.892	1.064	1.082	1.093	1.066	1.024	0.985	1.026	1.031	1.159	1.005
河北	1.010	0.958	1.097	1.075	1.073	1.039	1.101	1.058	1.101	1.145	1.065	1.058	1.053	1.481	1.003	1.088
河南	1.014	0.924	1.049	1.231	1.069	1.030	1.090	1.084	1.092	1.222	0.992	1.174	1.121	1.194	1.000	1.086
黑龙江	1.105	0.937	1.209	0.991	1.199	0.964	0.999	1.049	1.093	1.103	1.095	0.865	1.087	1.293	1.019	1.067
湖北	1.098	0.958	1.036	1.178	1.061	1.010	1.035	0.996	1.048	1.047	0.944	1.055	1.038	1.209	1.128	1.056
湖南	0.989	0.967	1.087	1.104	1.030	1.081	1.137	1.018	1.082	1.196	1.088	1.039	1.011	1.151	1.123	1.073
吉林	1.019	0.980	1.070	1.070	1.162	1.024	1.134	1.029	1.138	1.127	1.093	1.048	1.035	1.111	1.002	1.069
江苏	1.041	0.889	1.133	1.076	1.036	1.074	1.083	1.073	1.090	1.131	1.095	1.049	1.031	1.130	1.000	1.062
江西	0.981	0.942	1.138	0.924	1.394	0.989	1.100	1.037	1.059	1.103	1.086	1.076	1.030	1.060	1.131	1.070

续表

省区市	2001~2002年	2002~2003年	2003~2004年	2004~2005年	2005~2006年	2006~2007年	2007~2008年	2008~2009年	2009~2010年	2010~2011年	2011~2012年	2012~2013年	2013~2014年	2014~2015年	2015~2016年	均值
辽宁	1.052	0.984	1.169	1.018	1.061	1.077	1.053	1.014	1.071	1.147	1.092	1.033	1.007	1.181	1.000	1.064
内蒙古	1.033	0.990	1.049	1.060	1.051	1.057	1.049	1.031	1.032	1.159	1.309	1.076	1.062	1.137	1.030	1.075
宁夏	0.477	1.800	1.029	0.644	1.038	1.523	0.685	0.997	1.439	1.138	1.113	1.059	1.085	1.001	1.095	1.075
青海	0.443	2.275	0.758	0.917	0.939	0.960	1.151	0.874	1.052	1.018	1.173	1.139	1.109	0.858	1.165	1.055
山东	1.008	1.064	1.131	1.100	1.027	1.090	1.120	1.101	1.066	1.182	1.064	1.060	1.219	1.137	1.000	1.091
山西	0.927	0.977	0.944	1.031	1.006	1.018	1.023	1.019	1.051	1.082	1.103	1.050	1.033	1.152	1.089	1.034
陕西	1.088	0.944	1.078	1.106	1.093	1.071	1.131	1.012	1.104	1.188	1.137	1.090	1.080	1.032	1.069	1.081
上海	1.141	1.508	1.000	0.891	1.014	1.016	1.090	1.000	0.944	1.059	1.000	1.000	1.000	0.893	1.119	1.045
四川	1.067	1.009	1.103	1.069	1.006	1.212	1.114	0.909	1.081	1.137	1.101	1.039	1.027	1.108	1.090	1.071
天津	1.005	1.208	0.948	0.995	1.038	0.923	1.005	1.004	1.083	1.401	1.135	1.068	1.116	1.048	1.000	1.065
西藏	1.000	1.000	1.000	0.878	1.140	1.000	0.926	1.079	0.870	0.959	1.199	0.805	1.076	1.155	1.000	1.006
新疆	1.070	1.120	1.103	1.010	1.017	1.069	1.008	1.061	1.331	1.035	1.110	1.280	0.695	1.150	1.247	1.087
云南	1.055	1.032	1.079	1.068	1.020	1.057	1.098	1.043	1.068	1.099	1.100	1.034	1.025	1.108	1.134	1.068
浙江	1.008	0.977	1.063	1.053	1.059	1.039	1.010	1.074	1.116	1.136	1.060	1.044	1.048	1.180	1.255	1.075
重庆	0.900	1.037	1.042	1.056	1.048	1.035	1.053	1.037	1.063	1.080	1.083	1.047	1.038	1.123	1.107	1.050
均值	0.990	1.074	1.068	1.025	1.054	1.044	1.048	1.027	1.081	1.113	1.092	1.052	1.050	1.130	1.083	1.062

参考文献

［1］［美］阿尔弗雷德·马歇尔．经济学原理［M］．北京：华夏出版社，2012．

［2］蔡荣，汪紫钰，杜志雄．示范家庭农场技术效率更高吗？——基于全国家庭农场监测数据［J］．中国农村经济，2019（3）：65–81．

［3］蔡雨君．中国农垦区农业环境效率及其影响因素的分析［D］．大连：东北财经大学，2016．

［4］曹峥林．农业生产环节服务外包对规模经济的实现机理研究［D］．成都：西南大学，2019．

［5］曾瑜．农业直接补贴政策的环境效应研究［D］．武汉：华中科技大学，武汉：2012．

［6］陈书章，宋春晓，宋宁，王济民，马恒运．中国小麦生产技术进步及要素需求与替代行为［J］．中国农村经济，2013（9）：18–30．

［7］陈晓华．引导农村土地经营权有序流转 促进农业适度规模经营健康发展［J］．行政管理改革，2016（2）：17–20．

［8］陈中飞，王曦，王伟．利率市场化、汇率自由化和资本账户开放的顺序［J］．世界经济，2017，40（6）：23–47．

［9］仇焕广，栾昊，李瑾，汪阳洁．风险规避对农户化肥过量施用行为的影响［J］．中国农村经济，2014（3）：85–96．

［10］仇童伟．农村劳动力非农转移会降低农地产出率吗？［J］．中南财经政法大学学报，2018（5）：151–160．

［11］崔晓，张屹山．中国农业环境效率与环境全要素生产率分析［J］．中国农村经济，2014（8）：4–16．

［12］党超．物质要素投入对我国农业产出水平的影响——基于省际面板数据的实证分析［J］．宁夏大学学报（人文社会科学版），2011，33（6）：109－116．

［13］杜阁．关于财富的形成和分配的考察［M］．北京：商务印书馆，2007．

［14］杜江，罗珺．我国农业面源污染的经济成因透析［J］．中国农业资源与区划，2013，34（4）：22－27，42．

［15］范颖洁．完善我国土壤污染法律责任的构想［J］．中国环境管理干部学院学报，2015，25（3）：22－24，42．

［16］付明辉，祁春节．要素禀赋、技术进步偏向与农业全要素生产率增长——基于 28 个国家的比较分析［J］．中国农村经济，2016（12）：76－90．

［17］干春晖，郑若谷，余典范．中国产业结构变迁对经济增长和波动的影响［J］．经济研究，2011，46（5）：4－16，31．

［18］高晶晶，彭超，史清华．中国化肥高用量与小农户的施肥行为研究——基于 1995～2016 年全国农村固定观察点数据的发现［J］．管理世界，2019，35（10）：120－132．

［19］高鸣，陈秋红．贸易开放、经济增长、人力资本与碳排放绩效——来自中国农业的证据［J］．农业技术经济，2014（11）：101－110．

［20］葛继红，周曙东．要素市场扭曲是否激发了农业面源污染——以化肥为例［J］．农业经济问题，2012（3）：92－98．

［21］龚琦，王雅鹏．我国农用化肥施用的影响因素——基于省际面板数据的实证分析［J］．生态经济，2011（2）：33－38＋43．

［22］韩长赋，高云才，冯华．"三权分置"改革是重大制度创新［J］．人民日报，2014－12－22（2）．

［23］何浩然，张林秀，李强．农民施肥行为及农业面源污染研究［J］．农业技术经济，2006（6）：2－10．

［24］何建新，舒宏应，田云．我国农村劳动力转移数量测算及

影响因素分解研究 ［J］．中国人口·资源与环境，2011，21（S2）：148－152.

［25］何秀荣．关于我国农业经营规模的思考 ［J］．农业经济问题，2016，29（9）：4－15.

［26］侯俊东，吕军，尹伟峰．农户经营行为对农村生态环境影响研究 ［J］．中国人口·资源与环境，2012，22（3）：26－31.

［27］侯玲玲，孙倩，穆月英．农业补贴政策对农业面源污染的影响分析——从化肥需求的视角 ［J］．中国农业大学学报，2012，17（4）：173－178.

［28］胡定寰，陈志钢，孙庆珍，等．合同生产模式对农户收入和食品安全的影响——以山东省苹果产业为例 ［J］．中国农村经济，2006，000（11）：17－24，41.

［29］胡浩，杨泳冰．要素替代视角下农户化肥施用研究——基于全国农村固定观察点农户数据 ［J］．农业技术经济，2015（3）：84－91.

［30］胡雯，张锦华，陈昭玖．小农户与大生产：农地规模与农业资本化——以农机作业服务为例 ［J］．农业技术经济，2019（6）：82－96.

［31］胡燕，盛开，郑旭媛．茶叶供应者质量安全认知与行为分析——基于浙江500位茶叶供应者的问卷调查 ［J］．统计与信息论坛，2016，31（12）：95－101.

［32］黄绍文，金继运，杨俐苹，程明芳．县级区域粮田土壤养分空间变异与分区管理技术研究 ［J］．土壤学报，2003（1）：79－88.

［33］黄祖辉，钟颖琦，王晓莉．不同政策对农户农药施用行为的影响 ［J］．中国人口·资源与环境，2016，26（8）：148－155.

［34］江激宇，柯木飞，张士云，尹昌斌．农户蔬菜质量安全控制意愿的影响因素分析——基于河北省藁城市151份农户的调查 ［J］．农业技术经济，2012（5）：35－42.

［35］姜健，周静，孙若愚．菜农过量施用农药行为分析——以

辽宁省蔬菜种植户为例 [J]. 农业技术经济, 2017 (11): 16-25.

[36] 金书秦, 沈哲, 杨欣泽. 不同经营主体棉农经济与环境绩效调查——基于 4 省农户的数据 [J]. 调研世界, 2013 (5): 30-33.

[37] 孔祥智, 张琛, 张效榕. 要素禀赋变化与农业资本有机构成提高——对 1978 年以来中国农业发展路径的解释 [J]. 管理世界, 2018, 34 (10): 147-160.

[38] 雷钦礼. 中国粮食生产的价格作用机制分析 [J]. 统计研究, 2005 (3): 24-28.

[39] 李宾, 王婷婷, 马九杰. 农业规模经营对农户化肥投入水平的影响——基于河南省 H 县的农户调查 [J]. 农林经济管理学报, 2017, 16 (4): 430-440.

[40] 李成友, 李锐, 张勇菊, 李庆海. 我国农业资金投入结构对农业技术效率的影响分析——基于 2003~2009 年全国 10 个省区微观调研面板数据 [J]. 科技管理研究, 2014, 34 (24): 166-172.

[41] 李谷成, 范丽霞, 冯中朝. 资本积累、制度变迁与农业增长——对 1978~2011 年中国农业增长与资本存量的实证估计 [J]. 管理世界, 2014 (5): 67-79, 92.

[42] 李谷成, 梁玲, 尹朝静, 冯中朝. 劳动力转移损害了油菜生产吗?——基于要素产出弹性和替代弹性的实证 [J]. 华中农业大学学报 (社会科学版), 2015 (1): 7-13.

[43] 李谷成. 人力资本与中国区域农业全要素生产率增长——基于 DEA 视角的实证分析 [J]. 财经研究, 2009, 35 (8): 115-128.

[44] 李海鹏, 张俊飚. 中国农业面源污染与经济发展关系的实证研究 [J]. 长江流域资源与环境, 2009 (6): 585-590.

[45] 李海鹏. 中国农业面源污染的经济分析与政策研究 [D]. 武汉: 华中农业大学博士学位论文, 2007.

[46] 李洪庆, 付永虎, 徐霞, 刘俊青. 江苏省农地规模经营特征与环境效率时空分异研究 [J]. 国土资源科技管理, 2019, 36

（2）：36－46.

［47］李明艳，陈利根，马贤磊．不同兼业水平农户土地利用行为研究——以江西省为例［J］．江西农业学报，2009，21（10）：185－188，191.

［48］李文明，罗丹，陈洁，谢颜．农业适度规模经营：规模效益、产出水平与生产成本——基于1552个水稻种植户的调查数据［J］．中国农村经济，2015（3）：4－17，43.

［49］李文秀，李仪，江颖．发达国家农业生产投入与农业生产率的实证研究［J］．世界农业，2015（4）：29－33.

［50］李燕．中国农业环境效率的影响因素分析［J］．中共南京市委党校学报，2019（2）：92－99.

［51］李燕凌．基于DEA-Tobit模型的财政支农效率分析——以湖南省为例［J］．中国农村经济，2008（9）：52－62.

［52］李宇轩．中国化肥产业政策对粮食生产的影响研究［D］．北京：中国农业大学，2014.

［53］李玉红．农业规模化经营的外部性分析——一个生态环境角度的考察［J］．重庆理工大学学报（社会科学），2016，30（7）：37－43.

［54］李月朦．农地规模化经营的机理、模式及路径分析［D］．沈阳：辽宁大学，2019.

［55］梁流涛，杨建涛．中国旅游业技术效率及其分解的时空格局——基于DEA模型的研究［J］．地理研究，2012，31（8）：1422－1430.

［56］梁流涛．考虑"非意欲"产出的农业土地生产效率评价及其时空特征分析［J］．资源科学，2012，34（12）：2249－2255.

［57］刘聪．中国农业化肥面源污染的成因及负外部性研究［D］．杭州：浙江大学，2018.

［58］刘凤芹．农业土地规模经营的条件与效果研究：以东北农村为例［J］．管理世界，2006（9）：71－79.

[59] 刘丽钦. 低碳视角下福建省农业生态效率研究 [D]. 福州：福建师范大学，2018.

[60] 刘钦普. 中国化肥投入区域差异及环境风险分析 [J]. 中国农业科学，2014，47（18）：3596－3605.

[61] 刘赛红，王志飞. 农村信贷投入、农业振兴与城乡居民收入差距研究 [J]. 云南财经大学学报，2019，35（3）：94－104.

[62] 刘英基. 有偏技术进步、替代弹性与粮食生产要素组合变动 [J]. 软科学，2017，31（4）：27－30.

[63] 刘钰鹏. 土地规模经营与农业环境效率：基于 SBM-Tobit 模型的实证分析 [J]. 江苏农业科学，2019，47（5）：306－310.

[64] 陆文聪，刘聪. 化肥污染对粮食作物生产的环境惩罚效应 [J]. 中国环境科学，2017，37（5）：1988－1994.

[65] 吕开宇，许健民，娄博杰. 环境变化对农业产出的影响 [J]. 中国农村经济，2008（4）：63－72.

[66] 马骥，蔡晓羽. 农户降低氮肥施用量的意愿及其影响因素分析——以华北平原为例 [J]. 中国农村经济，2007（9）：9－16.

[67] 马骥. 农户粮食作物化肥施用量及其影响因素分析——以华北平原为例 [J]. 农业技术经济，2006（6）：36－42.

[68] 马健，韩星焕. 日本协同推进环境保全型农业的举措及对我国的启示 [J]. 西北农林科技大学学报（社会科学版），2017，17（4）：99－105.

[69] [德] 马克思. 资本论 [M]. 上海：上海三联书店，2009.

[70] 马贤磊，车序超，李娜，唐亮. 耕地流转与规模经营改善了农业环境吗？——基于耕地利用行为对农业环境效率的影响检验 [J]. 中国土地科学，2019，33（6）：62－70.

[71] 米建伟，黄季焜，陈瑞剑，Elaine M. Liu. 风险规避与中国棉农的农药施用行为 [J]. 中国农村经济，2012（7）：60－71，83.

[72] 彭泰中，廖文梅. 信息不对称理论下的农产品市场风险研究——从农民承担的风险视角分析 [J]. 农机化研究，2007，000

（5）：8 - 11.

［73］乔金杰．我国农业技术补贴政策的影响及优化研究［D］．北京：中国农业大学，2015.

［74］秦雪征，庄晨，杨汝岱．计划生育对子女教育水平的影响——来自中国的微观证据［J］．经济学（季刊），2018，17（3）：897 - 922.

［75］屈小博，霍学喜．农户生产经营风险来源与认知行为实证分析——以陕西省453户果农为例［C］//．中国农业技术经济研究会学术研讨会．2007.

［76］史常亮，郭焱，朱俊峰．中国粮食生产中化肥过量施用评价及影响因素研究［J］．农业现代化研究，2016，37（4）：671 - 679.

［77］司明宇，金紫薇．论中国小农户的前景与出路［J］．农业经济，2019（9）：9 ~ 11.

［78］宋雨河．农户生产决策与农产品价格波动研究［D］．北京：中国农业大学，2015.

［79］苏岳静，胡瑞法，黄季焜，范存会．农民抗虫棉技术选择行为及其影响因素分析［J］．棉花学报，2004（5）：259 - 264.

［80］孙蕊，齐天真．农业适度规模发展评价指标体系构建与综合评价［J］．统计与决策，2019，35（7）：49 - 52.

［81］唐云锋，马春华．财政压力、土地财政与"房价棘轮效应"［J］．财贸经济，2017，38（11）：39 - 54，161.

［82］田红宇，祝志勇．农村劳动力转移、经营规模与粮食生产环境技术效率［J］．华南农业大学学报（社会科学版），2018，17（5）：69 - 81.

［83］田伟，杨璐嘉，姜静．低碳视角下中国农业环境效率的测算与分析——基于非期望产出的SBM模型［J］．中国农村观察，2014（5）：59 - 71，95.

［84］田旭，王善高．中国粮食生产环境效率及其影响因素分析

［J］．资源科学，2016，38（11）：2106－2116．

［85］田云，张俊飚，何可，丰军辉．农户农业低碳生产行为及其影响因素分析——以化肥施用和农药使用为例［J］．中国农村观察，2015（4）：61－70．

［86］涂圣伟．我国农业要素投入结构与配置效率变化研究［J］．宏观经济研究，2017（12）：148－162．

［87］［英］托马斯·罗伯特·马尔萨斯．人口原理［M］．北京：商务印书馆，1992．

［88］干常伟，顾海英．市场 VS 政府，什么力量影响了我国菜农农药用量的选择？［J］．管理世界，2013（11）：50－66，187－188．

［89］王嫚嫚，刘颖，陈实．规模报酬、产出利润与生产成本视角下的农业适度规模经营——基于江汉平原 354 个水稻种植户的研究［J］．农业技术经济，2017（4）：83－94．

［90］王欧，杨进．农业补贴对中国农户粮食生产的影响［J］．中国农村经济，2014（5）：20－28．

［91］王善高，李佳睿．我国农业生产环境效率及其收敛性分析——以农业生产碳排放为例［J］．江苏农业科学，2018，46（12）：305－310．

［92］王亚杰，陈洪昭．农户化肥施用行为的影响因素研究——以福建省为例［J］．青岛农业大学学报（社会科学版），2018，30（4）：34－38，49．

［93］王兆峰，杜瑶瑶．基于 SBM-DEA 模型湖南省碳排放效率时空差异及影响因素分析［J］．地理科学，2019，39（5）：797－806．

［94］王哲．基于农业支持视角的中国农业环境政策研究［D］．北京：中国农业科学院，2013．

［95］吴海峰，郑鑫．中国发展方式转型期的特色农业发展道路探索——全国特色农业发展研讨会综述［J］．中国农村经济，2010（12）：87－92．

［96］吴丽丽，李谷成，周晓时．中国粮食生产要素之间的替代

关系研究——基于劳动力成本上升的背景 〔J〕. 中南财经政法大学学报，2016（2）：140－148.

〔97〕武兰芳，欧阳竹，谢小立. 不同种养结合区农田系统氮磷平衡分析〔J〕. 自然资源学报，2011，26（6）：943－954.

〔98〕肖卫，肖琳子. 二元经济中的农业技术进步、粮食增产与农民增收——来自 2001～2010 年中国省级面板数据的经验证据〔J〕. 中国农村经济，2013（6）：4－13，47.

〔99〕肖阳. 农业绿色发展背景下我国化肥减量增效研究〔D〕. 北京：中国农业科学院，2018.

〔100〕幸汉龙. 我国粮食主产区粮食生产环境效率测度及影响因素研究〔D〕. 重庆：西南大学，2018.

〔101〕徐丽鹤，袁燕. 收入阶层、社会资本与农户私人借贷利率〔J〕. 金融研究，2013（9）：150－164.

〔102〕徐建国，张勋. 农业生产率进步、劳动力转移与工农业联动发展〔J〕. 管理世界，2016（7）：76－87.

〔103〕徐伍凤. 中国区域环境效率评价及影响因素研究〔D〕. 长沙：湖南师范大学，2018.

〔104〕〔英〕亚当·斯密. 国富论〔M〕. 北京：商务印书馆，2014.

〔105〕闫湘，金继运，梁鸣早. 我国主要粮食作物化肥增产效应与肥料利用效率〔J〕. 土壤，2017，49（6）：1067－1077.

〔106〕严瑞珍. 关于农业生产单位规模的几个理论问题〔J〕. 经济研究，1984（4）：3－9.

〔107〕晏百荣，周应恒，张晓恒. 农业劳动力价格上升对中国苹果生产要素投入结构的影响〔J〕. 农林经济管理学报，2017，16（5）：563－572.

〔108〕杨名远. 浅谈农业经营规模的衡量指标和制约因素〔J〕. 中国农村经济，1985（4）：59－62.

〔109〕杨秀玉，乔翠霞. 农业补贴对生态环境的影响——从化肥

使用角度分析［J］．中国农业资源与区划，2018，39（7）：47－53.

　　［110］杨宇，高静．市场环境对劳动力转移影响农户技术效率具有调节效应吗？——基于中国东、西部6省市抽样调查的实证检验［J］．西部论坛，2016，26（4）：30－37.

　　［111］杨志海，麦尔旦·吐尔孙，王雅鹏．健康冲击对农村中老年人农业劳动供给的影响——基于CHARLS数据的实证分析［J］．中国农村观察，2015（3）：24－37.

　　［112］杨志武，钟甫宁．农户种植业决策中的外部性研究［J］．农业技术经济，2010（1）：27－33.

　　［113］姚洪霞．农地经营规模对农业环境效率的影响研究［D］．南京：南京审计大学，2017.

　　［114］姚洪霞．农业环境效率区域差异分析［J］．江苏科技信息，2016（28）：6－7.

　　［115］姚增福．黑龙江省种粮大户经营行为研究［D］．陕西：西北农林科技大学，2011.

　　［116］叶谦吉，罗必良．论经济、生态、社会三效益协同增长的生态农业成长阶段［J］．农业现代化研究，1988（2）：13－17.

　　［117］应瑞瑶，朱勇．农业技术培训方式对农户农业化学投入品使用行为的影响——源自实验经济学的证据［J］．中国农村观察，2015（1）：50－58，83，95.

　　［118］于婷婷．外出务工对农户家庭化肥投入决策影响分析［D］．南京：南京农业大学，2013.

　　［119］余凤龙，黄震方，曹芳东，吴丽敏，陶玉国．中国城镇化进程对旅游经济发展的影响［J］．自然资源学报，2014，29（8）：1297－1309.

　　［120］袁丽娟，赵凌，花晨芝．我国财政农业投入对农业产出的影响分析——基于省际面板数据的分位数回归［J］．西南科技大学学报（哲学社会科学版），2019，36（1）：40－45，94.

　　［121］［奥］约瑟夫·熊彼特．经济分析史（第1卷）［M］．

北京：商务印书馆，1991.

［122］张超，孙艺夺，孙生阳，胡瑞法．城乡收入差距是否提高了农业化学品投入？——以农药施用为例［J］．中国农村经济，2019（1）：96－111.

［123］张红宇，金继运．中国肥料产业研究报告［M］．北京：中国财政经济出版社，2003.

［124］张红宇．从"两权分离"到"三权分置"——中国农地制度的绩效分析［J］．农村经营管理，2017（8）：6－7.

［125］张华芳．河北省农牧生产体系氮磷养分流动特征及调控途径［D］．保定：河北农业大学，2013.

［126］张军伟，张锦华，吴方卫．粮食生产中化肥投入的影响因素研究——基于 Durbin 模型的分析［J］．经济地理，2018，38（11）：174－182.

［127］张利国，刘辰，陈苏．要素价格诱导稻谷生产技术进步与要素替代——以南方稻作区为例［J］．农业经济与管理，2020（3）：16－29.

［128］张晓敏，张秉云，陈晓宇，张正河．我国主要牧区牧业生产效率及影响因素研究——基于 DEA-Clad 的两阶段模型［J］．中国农业大学学报，2017，22（4）：171－178.

［129］张秀玲．中国农产品农药残留成因与影响研究［D］．无锡：江南大学，2013.

［130］张屹山，崔晓．资源、环境与农业可持续发展——物料平衡原则下的省级农业环境效率计算［J］．农业技术经济，2014（6）：21－30.

［131］张彧泽，胡日东．我国城镇化对经济增长传导效应研究——基于状态空间模型［J］．宏观经济研究，2014（5）：92－98.

［132］张忠明，钱文荣，虎陈霞．非农就业导致农户生产投入及其效率下降了吗？——来自浙江传统粮区的调查［J］．兰州学刊，2017（4）：187－197.

［133］张宗毅．基于农户行为的农药使用效率、效果和环境风险影响因素研究［D］．南京：南京农业大学，2011．

［134］赵丽平，王雅鹏，何可．我国粮食生产的环境技术效率测定［J］．华南农业大学学报：社会科学版，2016，15（3）：28－37．

［135］郑龙章．茶农使用农药行为影响因素研究［D］．福州：福建农林大学，2009．

［136］郑鑫．丹江口库区农户氮肥施用强度的影响因素分析［J］．中国人口·资源与环境，2010，20（5）：75－79．

［137］朱聪．中国农业环境效率研究［D］．蚌埠：安徽财经大学，2015．

［138］朱兆良，孙波，杨林章，张林秀．我国农业面源污染的控制政策和措施［J］．科技导报，2005（4）：47－51．

［139］朱子云．中国城乡居民收入差距的分解分析［J］．数量经济技术经济研究，2014，31（2）：52－67．

［140］Adesina A. A. Factors Affecting the Adoption of Fertilizers by Rice Farmers in Cted'Ivoire［J］．*Nutrient Cycling in Agroecosystems*，1996，46（1）：29－39．

［141］Abhilash P. C．，Jamil S．，Singh N. Matrix Solid-phase Dispersion Extraction Versus Solid-phase Extraction in the Analysis of Combined Residues of Hexachlorocyclohexane Isomers in Plant Matrices［J］．*Journal of Chromatography*，2007，1176（1）：43－47．

［142］Aldanondo-Ochoa A. M．，Casasnovas-Oliva V. L．，Arandia-Miura A. Environmental Efficiency and the Impact of Regulation in Dryland Organic Vine Production［J］．*Land Use Policy*，2014，36：275－284．

［143］Alfred D. Chandler. Scale and Scope：A Review Colloquium［J］．*Business History Review*，1990，64（4）：690－735．

［144］Arellano M. & Bond S. Some Tests of Specification for Panel

Data, Monte Carlo Evidence and an Application to Employment Equations [J] . *Review of Economic Studies*, 1991, 58 (2): 277 – 297.

[145] Arellano M. & Bover O. Another Look at the Instrumental Variable Estimation of Error-components Models [J] . *Journal of Econometrics*, 1995, 68 (1): 29 – 51.

[146] Bagi F. S. , Huang C. J. Estimating Production Technical Efficiency for Individual Farms in Tennessee [J]. *Canadian Journal of Agricultural Economics/revue Canadienne Dagroeconomie*, 2010, 31 (2): 249 – 256.

[147] Banerjee A. V. , Duflo E. Growth Theory Through the Lens of Development Economics [J] . *Handbook of Economic Growth*, 2005, 1: 473 – 552.

[148] Bhalla S. Farm Size and Productivity and Technical Change in Indian Agriculture [A] . In Agrarian Structure and Productivity in Developing Countries [C] Berry R. A. and W. R. Cline eds. Baltimore, John Hopkins University Press, 1979: 141 – 193.

[149] Bunting A. H. Land Development and Large Scale Food Production in East Africa by the Overseas Food Corporation [J] . *Economic Botany*, 1952, 6 (1): 55 – 68.

[150] Che Y. , Lu Y. , Tao Z. , et al. The Impact of Income on Democracy Revisited [J] . *Journal of Comparative Economics*, 2013, 41 (1): 159 – 169.

[151] Chien-Ning Y. , Jean-Pierre Y. , Ilic M. Dynamics of Transmission Provision in a Competitive Power Industry [J] . *Discrete Event Dynamic Systems*, 1999, 9 (4): 351 – 393.

[152] Coase R. H. The Nature of the Firm [J] . *Economica*, 1937, 4 (16), 386 – 405.

[153] Coelli T. , Lauwers L. , Huylenbroeck G. V. Environmental Efficiency Measurement and the Materials Balance Condition [J]. *Journal*

of Productivity Analysis, 2007, 28（1－2）：3－12.

［154］ Cropper M. L., Oates W. E. Environmental Economics：A Survey［J］.*Journal of Economic Literature*, 1992, 30（2）：675－740.

［155］ Cui Z. Pursuing Sustainable Productivity with Millions of Smallholder Farmers［J］.*Nature*, 2018（555）：363－366.

［156］ Economies as Williamson. E. an Anti-Trust Defense：The Welfare Tradeoffs［J］.*American Economic Review*, 1968, 58（1），18－36.

［157］ Fan L., Yuan Y., Ying Z. Decreasing Farm Number Benefits the Mitigation of Agricultural Non-point Source Pollution in China［J］.*Environmental Science and Pollution Research*, 2019, 26（1）：464－472.

［158］ Färe R., Grosskopf S., Pasurka C. A. Environmental Production Functions and Environmental Directional Distance Functions［J］.*Energy*, 2007, 32（7）：1055－1066.

［159］ Foster A. D., Rosenzweig R. Are There too Many Farms in the World? Labor Market Transaction Costs, Machine Capacities and Optimal Farm Size（National Bureau of Economic Research, Cambridge, MA）［J］.*Working Paper Series*, 2017, 23909.

［160］ Fukuyama H., Weber W. L. A Directional Slacks-based Measure of Technical Inefficiency［J］.*Socio-Economic Planning Sciences*, 2009, 43（4）：274－287.

［161］ Hadrich J. C., Olson F. Joint Measurement of Farm Size and Farm Performance：A Confirmatory Factor Analysis［J］.*Agriculture Finance Review*, 2011, 71（3）：295－309.

［162］ Heady E. O. Farm Planning for Modern Agriculture and Large Units［J］.*ActaOeconomica*, 1971, 7（2）：177－199.

［163］ Hoang V. N., Nguyen T. T. Analysis of Environmental Efficiency Variations：A Nutrient Balance Approach［J］.*Ecological Eco-*

nomics, 2013, 86: 37 – 46.

［164］ Hubbell B. J. , Marra M. C. , Carlson G. A. Estimating the Demand for a New Technology: Bt Cotton and Insecticide Policies ［J］. *American Journal of Agricultural Economics*, 2000, 82 (1): 118 – 132.

［165］ Ibitayo O. O. Egyptian Farmers Attitudes and Behaviors Regarding Agricultural Pesticides: Implications for Pesticide Risk Communication ［J］. *Risk Analysis*, 2006, 26 (4): 989 – 995.

［166］ Jiao X. , Li H. , Rengel Z. , Zhang F. , Shen J. Dynamic Growth Pattern and Exploitation of Soil Residual P. by Brassica Campestris Throughout Growth Cycle on a Calcareous Soil ［J］. *Field Crops Research*, 2015, 180: 110 – 117.

［167］ Ju X. , Gu B. , Wu Y. , Galloway J. N. Reducing China's Fertilizer Use by Increasing Farm Size ［J］. *Global Environmental Change*, 2016, 41: 26 – 32.

［168］ Kortelainen M. Estimation of Semiparametric Stochastic Frontiers under Shape Constraints with Application to Pollution Generating Technologies ［J］. *Mpra Paper*, 2008, 8 (4): 265 – 72.

［169］ Lambert K. Risk Considerations in the Reduction of Nitrogen Fertilizer Use in Agricultural Production ［J］. *Western Journal of Agricultural Economics*, 1990, 15 (2): 234 – 244.

［170］ Leach M. , Mearns Robin. Environmental Change and Policy. Challenging Received Wisdom in Africa ［M］. *The Lie of the Land: Challenging Received Wisdom on the African Environment*, 1996: 1 – 33.

［171］ Lopez R. E. Applications of Duality Theory to Agriculture ［J］. *Western Journal of Agricultural Economics*, 1982 (7): 353 – 366.

［172］ Lucio Cecchini, Sonia Venanzi, Antonio Pierri, Massimo Chiorri. Environmental Efficiency Analysis and Estimation of CO_2 Abatement Costs in Dairy Cattle Farms in Umbria (Italy): A SBM-DEA Model with Undesirable Output ［J］. *Journal of Cleaner Production*, 197 (2018) 895 –

907.

[173] Lund P. J. The Use of Alternative Measures of Farm Size in Analyzing the Size and Efficiency Relationship [J] . *Journal of Agricultural Economics*, 1983, 34: 187 – 195.

[174] Nambiro E. , Okoth P. J. S. R. , Essays. What Factors Influence the Adoption of Inorganic Fertilizer by Maize Farmers? A Case of Kakamega District [J] . *Western Kenya*, 2013 (5): 205 – 210.

[175] Nan Li, Yuqing Jiang, Hailin Mu, Zhixin Yu. Efficiency Evaluation and Improvement Potential for the Chinese Agricultural Sector at the Provincial Level Based on Data Envelopment Analysis (DEA) [J]. *Energy*, 2018, 164: 1145 – 1160.

[176] Olson K. , Vu L. Economic Efficiency in Farm Households: Trends, Explanatory Factors, and Estimation Methods [J] . *Agricultural Economics*, 2009, 40 (5): 587 – 599.

[177] Paudel K. P. , Lohr L. and Martin N. R. Effect of Risk Perspective on Fertilizer Choice by Sharecroppers [J] . *Agricultaral Systems*, 2000, 66 (2): 115 – 128.

[178] Philip C. Huang. *The Peasant Economy and Social Change in North China* [M] . Stanford University Press, 1985.

[179] Pittman R. W. Multilateral Productivity Comparisions with Undesirable Outputs [J] . *Economic Journal*, 1983, 93 (372), 883 – 891.

[180] Reinhard S. , Lovell C. A. K. and Thijssen G. J. Environmental Efficiency with Multiple Environmentally Detrimental Variable: Estimated with SFA and DEA [J] . *European Journal of Operational Research*, 2000, 121 (2): 287 – 303.

[181] Ren C. , Liu S. The Impact of Farm Size on Agricultural Sustainability [J] . *Journal of Cleaner Production*, 2019, 220: 357 – 367.

[182] Restuccia D. , Yang D. T. and Zhu X. Agricultural and Aggregate Productivity: A Quantitative Cross-country Analysis [J] . *Journal*

of Monetary Economics, 2008, 55 (2): 234 – 250.

[183] Rodriguez D. Simulation of Whole Farm Management Deci-sions [J] . *Farm Management Decisions*, 2009 (4): 284.

[184] Schaltegger S. , Sturm A. Ökologische Rationalität: Ansatz-punkte Zur Ausgestaltung Von Ökologieorientierten Management instru-menten [J] . *Die Unternehmung*, 1990: 273 – 290.

[185] Scheel H. Undesirable Outputs in Efficiency Valuations [J]. *European Journal of Operational Research*, 2001, 132 (2), 400 – 410.

[186] Seiford L. M. , Zhu J. Modeling Undesirable Factors in Effi-ciency Evaluation [J] . *European Journal of Operational Research*, 2002, 142 (1), 16 – 20.

[187] Sen A. K. An Aspect of Indian Agriculture [J] . *Economic Weekly*, 1962 (14): 243 – 266.

[188] Serra T. , Zilberman D. and Hyvonen G. K. Replacement of Agricultural Price Supports by Area Payments in the European Union and the Effects on Pesticide Use [J] . *American Journal of Agricultural Eco-nomics*, 2005, 87 (4): 870 – 884.

[189] Shestalova V. Sequential Malmquist Indices of Productivity Growth: An Application to OECD Industrial Activities [J] . *Journal of Productivity Analysis*, 2003, 19 (2): 211 – 226.

[190] Shortall O. K. , Barnes A. P. Greenhouse Gas Emissions and the Technical Efficiency of Dairy Farmers [J] . *Ecological Indicators*, 2013, 29: 478 – 488.

[191] Song M. , Peng J. and Wang J. et al. Environmental Efficien-cy and Economic Growth of China: A Ray Slack-based Model Analysis [J] . *European Journal of Operational Research*, 2018, 269 (1): 51 – 63.

[192] Swamy V. Analyzing the Agricultural Value Chain Financing: Approaches and Tools in India [J] . *Agricultural Finance Review*, 2016,

76 （2）: 211 - 232.

[193] Tan S. , Heerink N. , Kruseman G. , et al. Do Fragmented Landholdings Have Higher Production Costs? Evidence from Rice Farmers in Northeastern Jiangxi Province, P. R. China [J] . *China Economic Review*, 2007, 19 （3）: 347 - 358.

[194] Tone K. Dealing with Undesirable Outputs in DEA: A Slacks-based Measure （SBM） Approach [J] . *GRIPS Research Report Series*, 2003.

[195] Vitousek P. M. , Naylor R. , Crews T. , David M. B. , Zhang F. S. Nutrient Imbalances in Agricultural Development [J]. *Science*, 2009, 324 （5934）: 1519 - 1520.

[196] Wan G. H. , Cheng E. Effects of Land Fragmentation and Returns to Scale in the Chinese Farming Sector [J] . *Applied Economics*, 2001, 33 （2）: 183 - 194.

[197] West P. C. , Gerber J. S. , Engstrom P. M. , Mueller N. D. , Brauman K. A. , Carlson K. M. , Cassidy E. S. , Johnston M. , MacDonald G. K. , Ray D. K. , Siebert S. Leverage Points for Improving Global Food Security and the Environment [J] . *Science*, 2014, 345 （6194） 325 - 328.

[198] Wossink G. A. A. , Wenum J. H. V. Biodiversity Conservation by Farmers, Analysis of Actual and Contingent Participation [J]. *European Review of Agricultural Economics*, 2001, 30 （4）: 461 - 485.

[199] Wu Y. , Xi X. , Tang X. , et al. Policy Distortions, Farm Size, and the Overuse of Agricultural Chemicals in China [D]. Proceedings of the National Academy of Sciences of the United States of America, 2018, 115 （27）: 7010 - 7015.

[200] Xilong Yao, Wei Feng, Xiaoling Zhang, Wenxi Wang, Chentao Zhang, Shaqiu You. Measurement and Decomposition of Industrial Green Total Factor Water Efficiency in China [J] . *Journal of Cleaner*

Production, 198 (2018): 1144 –1156.

[201] Yang W. , Li L. Analysis of Total Factor Efficiency of Water Resource and Energy in China: A Study Based on DEA-SBM Model [J]. *Sustainability*, 2017, 9 (8): 1316.

[202] Zepeda L. , Douthitt R. , You S. Y. Consumer Risk Perceptions Toward Agricultural Biotechnology, Self-Protection, and Food De-mand: The Case of Milk in the United States [J] . *Risk analysis*, 2003, 23 (5): 973 –984.

[203] Zhang F. , Chen X. , Vitousek P. Chinese Agriculture: An Experiment for the World [J] . *Nature*, 2013, 497 (7447): 33 –35.

[204] Zhang W. , Cao G. , Li X. , Zhang H. , Dou Z. Closing Yield Gaps in China by Empowering Smallholder Farmers [J] . *Nature*, 2016, 537 (7622): 671 –674.